LÉON DAUDET

DE L'ACADÉMIE GONCOURT

MOLOCH

ET

MINERVE

OU

L'APRÈS GUERRE

PARIS

NOUVELLE LIBRAIRIE NATIONALE

3, PLACE DU PANTHÉON, 3

MOLOCH ET MINERVE

LÉON DAUDET

de l'Académie Goncourt

MOLOCH

ET

MINERVE

OU L'APRÈS-GUERRE

ÉDITION ORIGINALE

PARIS

NOUVELLE LIBRAIRIE NATIONALE

3, Place du Panthéon, 3

MCMXXIV

LÉON DAUDET

de l'Académie Goncourt

MOLOCH

ET

MINERVE

OU L'APRÈS-GUERRE

ÉDITION ORIGINALE

PARIS

NOUVELLE LIBRAIRIE NATIONALE

3, Place du Panthéon, 3

MCMXXIV

JUSTIFICATION

DES ÉDITIONS ET TIRAGES

L'édition originale de cet ouvrage, mise en vente le 26 janvier 1924, a été faite à 5365 exemplaires, savoir :

12 exemplaires sur Japon des manufactures impériales, numérotés de I à XII,

50 exemplaires sur vergé de Hollande de van Gelder Zonen d'Amsterdam, numérotés de XIII à LXII,

300 exemplaires sur vélin pur fil des papeteries Lafuma-Navarre, n umérotés de 1 à 300.

Tous ces exemplaires sont imposés au format in-16 soleil.

5.000 exemplaires sur vélin alfa teinté des papeteries Navarre, imposés au format in-16 double-couronne, numérotés à la suite.

Nº 2488

MOLOCH ET MINERVE

Chapitre Premier

OU EN ÉTAIT LA FRANCE
AU 1er AOUT 1914

Beaucoup de personnes, naïves ou perverses, se sont imaginé que le sanglant cataclysme de 1914-1915 (prévu et annoncé par les royalistes, dans ses moindres détails) n'aurait que peu de suites intellectuelles et politiques; et que, passé le remous inévitable, la vie reprendrait comme devant, avec les mêmes hommes, ou des hommes de même type, au sommet de l'État, des affaires, et de la société. C'est cette erreur que, dans le présent ouvrage, je vais m'attacher à dissiper. A mon sens, la guerre européenne, où la France a eu le premier rôle et, militairement, le dessus, aura été un bouleversement total des conditions de l'existence générale de la nation et de l'existence des individus. Elle est en train de transformer profondément non seulement l'équilibre, — ou le déséquilibre, — économique et financier, mais encore les points de vue poli-

tiques, moraux, intellectuels, psychologiques qui
dominaient, en France, depuis l'Empire, le libéralisme et la Révolution. La génération qui a
fait la guerre (j'entends la partie cultivée, ou
simplement instruite, de cette génération) et
les générations qui naîtront d'elle, considèrent
et considéreront, de plus en plus, comme d'homicides erreurs, les doctrines de leurs pères, et
leurs objets d'admiration, un Renan, un Hugo,
un Michelet, comme de brillants et redoutables
fétiches. Toutes les statues qui encombrent nos
avenues et nos places, sont destinées à être
déboulonnées. Toutes les plaques commémo-
ratives (d'un Gambetta, d'un Zola, d'un Jaurès),
vestiges d'une barbarie sans nom, sont destinées
à être arrachées. Je ne parle pas du Panthéon,
qui réclame une purification sévère et spéciale.

Mais ces réparations matérielles ne sont rien
à côté des réparations morales et intellectuelles,
dont elles seront le signe salubre et forain. Plus
lentes à se mettre en marche en France qu'ailleurs (à cause du réseau administratif et électoral), la vague de fond réactionnaire, dont
nous avons tant de signes avant-coureurs, est
destinée à emporter tout, et dans un délai
assez bref. Comme je l'ai fait, dans *l'Avant-
Guerre* et dans *l'Hécatombe*, je désire ici prendre
date, n'ignorant point, d'autre part, que la constatation logique d'un mouvement, quel qu'il soit,
l'accélère et parfois le précipite. Je n'ai plus

l'âge où l'on prend ses désirs pour des réalités; mais nous avons, mes amis et moi, l'âge où une volonté ferme peut encore déclencher des réalisations. La parole ayant été à Moloch (au Moloch de la démocratie), il est temps que Minerve intervienne, à son heure et au besoin par une force sage, en mettant, bien entendu, tous les atouts de son côté. Je n'ai jamais considéré le livre, non romanesque, autrement que comme l'antichambre de l'action.

Ceci posé, en guise de préambule, demandons-nous (afin de mesurer le chemin parcouru) où en était l'esprit français, le corps français, au moment où éclata la conflagration, le 1ᵉʳ août 1914.

Je l'ai dit et analysé dans *le Stupide XIXᵉ siècle* : cent vingt-cinq ans d'imbécillité pesaient sur nous. D'une imbécillité déclamatoire, surabondante, lyrique, riche en ressources verbales; comme si l'extinction du bon sens avait donné de la couleur aux mots et du pittoresque (sinon de la percussion) à la syntaxe. L'extravagance, qui est dans *le Contrat social* et la *Déclaration des Droits de l'homme*, se retrouve dans Quinet, dans Hugo, dans Michelet, dans leurs imitateurs et successeurs. La scatologie de Zola vaut la mystique révolutionnaire de Michelet. Mais, de 1871 à 1914, la victoire de l'Allemagne et l'asservissement intellectuel de notre Sorbonne et de la plupart de nos grands services publics, à la

Réforme et au Kantisme allemands (ou plus exactement prussiens) avaient renforcé la mystagogie, révolutionnaire et démocratique, de métaphysique boche. La génération dont je suis, fut nourrie de ces comprimés, et ne se réveilla vraiment, à la suite de Maurras, qu'au moment où éclata l'affaire Dreyfus (1897). Maurras aura été, pour les Temps nouveaux, pour le réveil et l'assainissement de la raison française, ce qu'a été Rousseau, pour notre empoisonnement et notre asservissement, à la fin du XVIIIe siècle. Il est l'immense génie politique, dont les rayons dissipent les nuées.

Cette constatation est devenue banale; mais le fait qu'elle ne rencontre plus aucun valable contradicteur est, lui-même, un symptôme et rehausse ma thèse. « Pour que la cloche paraisse à la lumière (a dit Schiller) il faut que le moule s'en aille en morceaux. » Le moule, c'est-à-dire le libéralisme, et le démocratisme libéral.

Au 1er août 1914, la doctrine politique, intellectuelle et critique, de Charles Maurras, entraînait déjà la majorité et l'élite de la jeunesse française; celle-ci précisément qui allait être fauchée, en sachant pourquoi elle était fauchée. Mais au delà, d'immenses pans de la nation, malheureux et dupes, demeuraient plongés dans l'ombre et attendaient, passivement, la transition de cette ombre au sang. De 1900 à 1914, ce fut, chez nous (et l'histoire commence à le constater, quand elle échappe à l'ignoble servilité d'un Lavisse, ou d'un Hanotaux), un affaissement, ou, mieux, un effondrement, dont il y a peu d'exemples.

Il faut se limiter, surtout quand le champ à labourer est vaste et âpre. J'examinerai où en étaient la politique, la littérature, la science médicale, entre 1900 et 1914; c'est-à-dire quels étaient ceux qui tenaient la corde et bénéficiaient de l'engouement public. Car on m'objecte toujours, quand je peins un temps ou un milieu, sans le flatter (par exemple, le xixe siècle), qu'il y avait, dans ce temps ou ce milieu, des hommes de très grande valeur, et même des sages et des saints : sans doute, mais ces hommes de valeur, ces sages et ces saints vivaient obscurs, ou à demi obscurs, ou dédaignés, ou méprisés, ou incompris. La vedette et les couronnes, l'encens de presse, le suffrage de la foule, celui de la demi-élite (dont l'influence était prépondérante) allaient aux rhéteurs, aux ignorants, aux plagiaires, aux farceurs, aux abrutis. Bien mieux, les timides essais de réaction, religieuse ou patriotique, qui se manifestaient, ici ou là, s'emparaient et se targuaient de romans, ou de pièces parfaitement imbéciles : un *Quo Vadis*, un *Cyrano*. Ce qui était fort, juste et clair, devait livrer un combat acharné, et succomber souvent, avant de s'imposer à l'opinion.

Le type représentatif de cette période poli-

tique (après et parmi tant d'autres presque aussi
fétides) est le souteneur Aristide Briand, issu
d'une sentine de Saint-Nazaire, élevé dans le
bouge paternel, sur les genoux des filles
publiques, condamné à un mois de prison, en
1892, pour outrage public à la pudeur, entré
dans la police à la suite de cet exploit; puis
à *la Lanterne*, succursale radicale de la police,
grand maître de l'Université dix ans après,
bien que sachant à peine lire et ne sachant pas
du tout écrire; signataire de la Loi de Sépara-
tion et qui fut, par la suite, sept fois président
du Conseil, la dernière en 1921. La carrière
d'Aristide Briand est le modèle de l'accession
démocratique et donne la mesure de l'avachis-
sement d'une époque. Elle semble toute naturelle
aux beaux messieurs et aux belles dames, anar-
chisants et révolutionnaires par peur de l'anarchie et de la révolution, qui complétèrent par
un succès de salon le succès de parlote et de
congrès du « Vacheador » à la voix de velours,
et téteur de bouts de cigarettes. Gambetta lui-
même, Génois retors et pilier de brasseries,
familier de l'espionne Paiva et dupe de la
Léonie-Léon qui l'aiguilla, lourdaud qu'il était,
vers Bismarck et Berlin, Gambetta était une
merveille de science et de tenue, en face du
dépantalonné du Pré de Toutes-Aides, appuyé sur
le Boche Grümbaun-Ballin, celui-ci né à Francfort en 1870, et arbitre du sort des curés de France.

J'ai entendu Briand à la tribune; j'y ai secoué sa loque et sa tignasse à plusieurs reprises. Dans ses discours, d'un cabotinage complexe mais vulgaire, il n'y a rien, ce qui s'appelle rien. C'est le topo préparé par un secrétaire savant et habile (en 1921, Philippe Berthelot), dégoisé par un m'as-tu entendu de première force, mais dénué de tout ce qui fait la véritable éloquence, notamment de sincérité. Ce dégingandé et bossu, à facies de photographe mystique, a toujours la main sur son cœur. A chaque instant, des intonations de placier en cartes transparentes. Ce n'est pas un homme, c'est un mannequin, souple et déformable, à l'intérieur duquel il y a quelqu'un; qui est tantôt, et le plus souvent, un de ces Vidocq de la police politique, comme il en pullule en République; tantôt, le succès venant, un financier. Dans la première partie de son existence, Aristide Briand fut le « mouton » révolutionnaire, le provocateur, qui se charge ensuite d'apaiser les copains moyennant finance. Dans la seconde, il fut le tribun mondain, qui a son couvert chez les princes grecs, mais ne change de chaussettes qu'une fois par mois.

Quelques années avant la guerre, Briand rencontra Paul Hervieu, de l'Académie française (par l'amitié du falot Brunetière), Paul Hervieu, auteur de *l'Énigme*, de *la Course du Flambeau*, de *Peints par eux-mêmes*, pastiche des *Liaisons*

dangereuses et d'une demi-douzaine de drames
et de bouquins écrits en patagon. L'objectif
de Paul Hervieu, intrigant s'il en fut et que
j'ai bien connu, fut toujours de passer pour un
homme du monde et de joindre la diplomatie
à la finesse. Connaissant ses petits moyens et
leurs limites, il s'appliquait à élargir par l'influence la zone étroite de son aigre et maigre
talent. Il était reconnaissant par système, acces-
sible aux jeunes par calcul, d'une serviabilité
raffinée, qu'il relevait, à l'occasion, d'une pointe
de morgue. Il comprit le parti qu'il pouvait
tirer d'une société en décomposition et à la
dérive, — celle de 1900 à 1914, — où la mode
était d'aller à gauche et de prendre des bains
de boue politique. Hervieu devint ainsi l'inter-
médiaire entre la société et le pouvoir, quel
qu'il fût, glacé de nullité hautaine comme
Waldeck, mitonné de haine de défroqué comme
Combes, débraillé et débardeur comme Rouvier,
ricanier et tranchant comme Clemenceau, inter-
lope et gouape comme Briand. A ce dernier,
par le contraste plus apparent que réel (Hervieu, au fond, était grossier), il en imposa et
devint l'arbitre de ses crasseuses élégances. Hervieu, ayant toujours sa raie faite et sortant des
mains du coiffeur, on les appela, bien entendu,
Paul Merlan et Aristide Maquereau.

Paul flattait savamment Aristide qui lui com-
manda, — comme pièce de propagande, — une

étonnante *Théroigne de Méricourt*, tombée à plat aux environs de 1902. On y voyait un François Suleau, que déchira la bacchante rouge aux Tuileries, en dessus de pendule et du plus comique effet. Le genre lyrique n'était pas celui d'Hervieu.

Cet étonnant garçon, ainsi lancé dans la politique (ou plutôt dans le larbinage politique), tout en lançant Aristide dans le monde, crut malin de prôner le pacifisme. Le pacifisme était à la mode, depuis que l'Allemagne, ayant remporté chez nous la victoire Dreyfus avec l'appui des républicains, y installait, en toute tranquillité, ses préparatifs militaires. Ceux qui, comme nous, gens d'Action française, dénonçaient chaque jour l'imminence d'une agression teutonne, étaient traités d'imaginaires et de fous. A l'Association générale des Étudiants, en 1913, Paul Hervieu, habillé de vert et l'épée académique au côté, annonça, sur la foi de l'ami Briand, que l'ère de la fraternité universelle avait enfin sonné pour les nations. Il le jurait, lui, Paul Hervieu, et s'en portait garant devant ses « jeunes camarades ». Les jeunes camarades de cette Association de tout repos, — et vigoureusement « lavissée » dans le sens gouvernemental, — écoutaient bouche bée, mais avec quelque scepticisme. Dix-huit mois plus tard, la politique merveilleusement prévoyante de la démocratie, chère à Paul Hervieu et propice

à Briand, envoyait sous terre les deux tiers
des auditeurs de ce philosophe. De cette erreur
monumentale, l'Académicien ne se releva pas.

Je l'avais connu à ses débuts, aimable, gentil,
assez fier même, chez Alphonse Daudet, qui
lui fit jouer son premier navet : *les Paroles
restent.* Son larbinage chez les républicains
m'écœura ensuite; je le lui dis, et nous échan-
geâmes alors quatre balles de pistolet sans
résultat. Son cas demeure, selon moi, symbolique
de toute sa très médiocre génération.

Aux côtés d'Hervieu, apparaît Rostand, autre
parangon littéraire de la République, académicien lui aussi à la suite de son formidable et
vain succès : *Cyrano de Bergerac.* Écrivain en
vogue d'un époque sinistre et plate, thurifé-
raire, comme Hervieu, des drôles au pouvoir,
Rostand, plagiaire du délicat Banville, apparaît
ainsi qu'une dégénérescence caricaturale de la
gloire mondiale de Hugo. Il n'a ni souffle, ni art,
ni grandeur. Il écrit pour la rampe et le magasin
d'accessoires. Mais il rime pour le suffrage universel; et son formidable succès caractérise, lui
aussi, le temps dont je parle, auprès duquel
1875 à 1900 est, en dépit de Zola, bol fécal, une
merveille de grâce et de distinction. Je n'ai fait
qu'entrevoir Rostand, dans les mêmes milieux
où fréquentait Hervieu. C'était un enfant, dans
le genre de Loti, beaucoup plus gâté que sublime,
neurasthénique et qui croyait à son génie. Sou-

vent, certes, le frelaté et le clinquant ont scin-
tillé dans notre littérature, mais toujours remis
à leur place, et dans leur compartiment réservé,
par une critique et une élite dont il n'y a plus
aucune trace entre 1900 et 1914. A la misère
de l'Académie française, devenue une sorte de
dépotoir à politiciens républicains (il n'a guère
manqué à sa couronne que Briand précisément),
correspond la débilité intellectuelle de la *Revue
des Deux Mondes*, tombée de Brunetière le Fol
et de Faguet, le cuistre batifolant, dans Doumic
le nul, et le prêche ambulant de Chevrillon,
neveu de Taine, n'ayant hérité de lui que sa
fausse rigueur scientifique et son moralisme
lacustre et gelé.

Pour toute la demi-élite dont je parle (et
sur laquelle il y aurait à écrire un volume, qui
ne lui serait pas agréable), l'Académie française est la consécration, la *Revue des Deux
Mondes* est l'oracle. Il faut voir ce monde som-
nolent aux grandes conférences que préside
Doumic, avec sa bobine d'ange déchu et ses
os désaccordés. Les vieux messieurs dorment, la
tête entre les genoux, songeant à Tocqueville
et à l'évolution selon Brunetière. Les vieilles
dames dorment, retirées au fond de leurs cor-
sets blindés, comme des escargots riches dans
leurs coquilles. Les universitaires dorment, le
masque roide comme un pensum. Quelques
écervelées dorment gentiment, songeant au

pâtissier et au flirt. Des salonnards, sans goût
ni sauce, dorment, parmi des rêves de préséance et de bons et de mauvais procédés.
Ainsi, en allait-il de la critique, en l'an de grâce
1913, comme du reste; et les personnes, dési-
reuses de prendre le ton sérieux, dévoraient les
ouvrages historiques de l'Italien démocrate Ferrero, les ouvrages philosophiques de Bergson.

La mode de Ferrero est devenue comique,
aujourd'hui, que cet historien de Rome (que
je mets au-dessous même de Duruy, cependant
inexistant) s'est retiré de la conception pandé-
mocratique, qui était sienne. Qu'un historien,
ou soi-disant tel, admette le régime démocratique, après la leçon athénienne et romaine,
c'est déjà fort. Mais qu'après avoir bâti là-
dessus son palais de ruines, il y renonce, c'est
plus drôle ! Pauvre Ferrero ! Lisant récemment
de lui, dans *l'Illustration*, son adieu au bobard
de la démocratie universelle, digne de notre
René Viviani, je me rappelais ses tirades d'antan, qui faisaient de lui le révélateur de la société
nouvelle et sagement révolutionnaire, marchant
au progrès (?) par étapes, de plus en plus popu-
laires et généreuses. Aux époques où le poncif
règne (le poncif romantique, le plus vide, le
plus plat, le plus naïf aussi de tous) celui qui
concentre le poncif et le codifie de façon pédante,
prend aussitôt figure d'innovation et d'originalité. Le fleuve immense des dames ignorantes,

courant à la mer de la sottise, se reflète, avec
volupté, dans un tel miroir. Que de voisins de
table ai-je eus, jadis (du temps que je dînais
en ville, et précisément chez Mme Buloz) en
Guglielmo et en Ferrero, qui me disaient avoir
découvert Rome dans le « César » déplorable
du pandémocrate !

Quant à Bergson, petit rat hébreu de l'Évolution créatrice et de l'intuitivisme, il a été si
bien démonté, ces derniers temps et par des
hommes si compétents (notamment Jacques
Maritain) qu'il n'y a lieu d'y insister. Une vogue
analogue et de même style fut jadis celle de
Caro, qu'on dénigra ensuite, aussi injustement
qu'on l'avait encensé. Les salonnards ont des
opinions à renversement et sans nuances; ils
brûlent ce qu'ils ont adoré, sans même se souvenir qu'ils l'ont adoré. En 1913, le salonnard
et le révolutionnaire, d'Avenel vicomte et Jean
Jaurès, faisaient la loi; le premier, en gilet cha-
marré; le second, dans une carmagnole du bon
faiseur.

Désireux de pousser sans risques à notre
assassinat et à celui des nôtres, les démocrates
et démocsocs ont prétendu que Maurras et
moi avions poussé à l'assassinat de Jaurès.
C'est tout à fait faux. Personnellement, j'ai
toujours considéré Jaurès comme un cabotin, à
demi inconscient, comme un cerveau retentis-
sant et vide, placé sur une bascule dange-

reuse, sur l'instable popularité des foules ou-
vrières. Sa mort tragique l'a haussé au-dessus
de sa condition terrestre, ainsi qu'il arrive, dans
un sens ou dans l'autre, aux personnages mal
situés, en ces temps troubles. Il ne reste de lui
ni un ouvrage, ni une ligne lisible. Sa faconde
était fatigante et démodée. Cependant, il éma-
nait de lui cette électricité particulière, qui
rend les tribuns contagieux et dangereux. Il a
fait beaucoup de mal au pays, en servant d'arc-
boutant et de paravent doctrinaire à la grande
intrigue du bloc de gauche, entre 1899 (Waldeck)
et 1914 (Caillaux). Ici quelques mots d'explication sont nécessaires :

La démocratie (sous quelque angle qu'on
l'envisage) est en principe et par définition, le
régime de l'infiltration étrangère. En France,
et depuis 1871, elle a été le régime voulu et
imposé par Bismarck et, en conséquence, par
l'État prussien. Les libéraux n'y ont jamais vu
que du feu. Maurras, avec raison, les appelle
les éternels cocufiés. Mais quels cocufiés malfaisants ! Pour quiconque suit avec attention les
deux courbes parallèles de la politique intérieure
française et de la politique intérieure prussienne,
de 1885 et de l'avènement de Guillaume II, à
1914, il apparaît, avec clarté, que la première
est fonction de la seconde. A mesure, notamment,
que Guillaume socialise l'État allemand, par
une série de lois et de mesures dont la conver-

gence est saisissante, l'influence du socialisme dit « international », en réalité allemand, croît en France et attire peu à peu notre malheureux pays dans l'orbite, ou, mieux, dans la gueule ouverte de l'État prussien. C'est ainsi que la France républicaine devient peu à peu le satellite démocratique de l'Allemagne impériale (avec quelques phases intercalaires de sujétion anglaise) ce qui est le comble de la vassalité. Être le vassal de son ennemi héréditaire, quelle condition pour un grand peuple ! A cette condition collaboraient, en 1913, la plupart de nos principaux services publics, de nos établissements de crédit, et nos gouvernements successifs, quand ils n'étaient pas anglicisés.

Le clan des politiciens français germanophiles, ou plutôt germano-serfs (Jaurès en tête), en 1913, était certes plus important que celui des politiciens français anglophiles ou plutôt anglo-serfs. Mais Édouard VII, dans son court règne, avait admirablement utilisé les quelques prises compensatrices que lui assurait le marché de Londres contre le marché de Berlin. Je renvoie ceux que la question (vitale d'ailleurs) intéresse, au grand ouvrage de Charles Maurras : *Kiel et Tanger*. C'est dans *Kiel et Tanger*, au fameux chapitre du « Gouvernement inhumain », que Maurras évoquait, dès 1912, « 700.000 jeunes Français, étendus, froids et sanglants, sur leur

terre mal défendue ». La guerre ayant réalisé
sa prophétie, l'invraisemblable crétin qui était,
à cette heure critique, notre président du Conseil, un ancien socialiste, du nom de Viviani,
vague Algérien, poussé dans la crotte de la
Petite République, ne trouva rien de mieux,
pour masquer le génie de Maurras, que de faire
interdire, par la censure, la reproduction de la
phrase vengeresse !

Ce que l'on a nommé le bloc de gauche,
l'ignoble magma qui a mis la France en servitude à l'appel de Waldeck-Rousseau, tenait
donc à l'Allemagne de deux façons : par les
socialistes à la remorque de Jaurès; par l'anticléricalisme, issu chez nous de la volonté de
Bismarck. Le bloc de gauche aura toujours été,
bel et bien, un bloc de Boche. L'infortuné
Syveton (qui fut exécuté et déshonoré simul-
tanément par la police germano-prussienne en
1904) en avait le juste sentiment, quand il
rédigeait la seule affiche réellement efficace de
la *Patrie française* sur « le gouvernement de
l'étranger ». Cette affiche, à l'époque, fit scandale
dans les milieux de l'Antifrance, chez les républicains. Elle fit scandale, parce qu'elle était vraie.

Socialisme, anticléricalisme, voilà pendant
quatorze années maudites, les deux leviers de
l'Allemagne chez nous. Les ordres religieux,
auxquels s'attaquait la bande de juristes, de
défroqués, de journalistes marrons, de finan-

ciers protestants et juifs, de socialistes nantis, et d'escarpes ou d'outrages aux mœurs, qui représente l'État républicain de 1899 à 1914; ces ordres avaient deux torts impardonnables : ils conservaient des principes, métaphysiques et spirituels, qui sont la base de la civilisation. Ils maintenaient, en face du luthéranisme et du criticisme allemands, déformateurs de l'esprit humain, la lumineuse raison d'Aristote et de saint Thomas d'Aquin. Le ridicule prétexte des biens de mainmorte, imaginé par Ranc, Waldeck, et leur sinistre clique de robins, intellectuellement défrancisés, se retourne d'ailleurs contre les polissons qui l'invoquaient; la transmission de mainmorte étant, au contraire, sous un régime normal (et comme tout ce qui est transfert dans le temps et renforcement de l'héritage individuel ou collectif), un principe hautement stabilisateur et conservateur.

Il me faut dire aussi quelques mots de la presse, de son avilissement et de celui des corps constitués (perpétuellement battus en brèche par le démocratisme électoral) à la veille de la plus grande secousse de notre histoire. L'influence allemande y était, ici, ouverte, là, sournoise, presque partout prépondérante. Je ne parle pas seulement du *Courrier européen* de l'infortuné Charles Paix-Séailles (victime de la politique antifrançaise de Caillaux), qui n'était qu'un réceptacle de police étrangère, de révolution et de trahison, et d'où devait sortir *le Bon-nel rouge*. Je ne parle pas seulement du *Gil Blas*, qu'administraient les banquiers franco-berlinois Merzbach et que subventionnait l'espion autrichien Rosenberg. Mais rarissimes étaient les endroits où pouvait s'élever, sur un sujet important, voire essentiel, une voix française. Notre quotidien, alors naissant, *l'Action française*, fondé le 21 mars 1908, avec quelques capitaux indépendants, mais d'un total dérisoire, était le seul à annoncer la catastrophe imminente et à en montrer l'origine : cette impréparation militaire qui sert d'aliment à la lutte des partis, base elle-même de la République.

Quant à la magistrature, elle était tombée à un degré de servilité inimaginable, depuis la fameuse forfaiture, en 1906, de la Cour de cassation, falsifiant, en l'honneur de la juiverie, l'article 445 du Code d'instruction criminelle. Quelques heures avant la déclaration de guerre, le procès de la femme de Caillaux, qui avait tué Calmette, directeur du *Figaro*, à l'instigation de son sinistre mari, dressa, devant tous, la hideuse figure du président à plat ventre Albanel. Un ancien collègue de ce mauvais juge me disait que jamais il n'avait ressenti un semblable écœurement. « Monsieur, vous nous déshonorez, » dit un de ses assesseurs à l'Albanel, léchant publiquement les pieds de Caillaux. Ce que j'écris ici, d'une partie de la magistrature (celle qui croit encore à la solidité du régime de mort) et qui n'a pas cessé d'être vrai au moment où je l'écris, je pourrais l'écrire du Conseil d'État, des Académiciens composant l'Institut et, en général, de tous les débris ou faux semblants d'institutions, échappés à l'émiettement et au nivellement républicains. La constatation n'en saurait être faite trop âprement, ni trop souvent.

Car la grande caractéristique de la période maudite en question, c'est la stupeur, la soumission passive (en dehors de la partie de la jeunesse entraînée par la doctrine maurrasienne) de presque toute la nation. Le boulangisme avait déçu; le nationalisme de la Patrie Française avait déçu. Des hauteurs du Collège de France et de la Sorbonne, infectés d'un renanisme dit de bon ton (et qui nous donna, à n'en pas douter, le waldeckisme et le combisme, car la peste vient toujours du mandarin), le bas scepticisme, ou, mieux, le je m'enfichisme, était descendu dans la foule des badauds, votants ou non. Contre l'asservissement de la France à l'Allemagne, dernier terme d'une infiltration politique et économique étrangère, qui avait affermi la République, personne ne réagissait plus. Le soulèvement des Inventaires (dont Bernard de Vesins avait donné le signal inoubliable à Versailles) avait été un étonnement et avait marqué, dans la persécution anticléricale, un léger temps d'arrêt. L'apparition de la génération dite des « Camelots du Roi » et son entrée en scène en 1909 en avaient été un autre. Le défilé traditionnel de Jeanne d'Arc, au début de mai 1914, d'un ordre, d'une puissance numérique et d'une gravité impressionnante, apparut ainsi qu'un signe dans le ciel. Néanmoins, nul ne pouvait prévoir (sous les hontes du régime et en opposition à ces hontes) la croissance, puis l'apparition d'une jeune génération, héroïque et guerrière, aussitôt dévorée par Moloch. De même, était imprévisible la coïncidence de cette génération croyante et sacrifiée (Jean Psichari après son grand-père Renan) avec une magnifique floraison de talent et de génie militaire, en dépit de l'affaire Dreyfus. Une croisade couvant sous la boue, fauchée instantanément dans sa victoire. Des conducteurs d'armée, enflammés et victorieux, acceptant la brimade, l'injure et le fardeau de fantoches, champignonnés sur le fumier démocratique, et leur laissant gâcher le succès de nos armes, si chèrement acquis : voilà ce que nous avons vu.

De beaux esprits nous reprocheront sans doute, comme ils l'ont déjà fait, d'établir, en lignes trop simples, un bilan trop cru. Ils auront tort. Les formidables événements auxquels nous avons assisté, nous assistons et nous assisterons, dépendent, comme tous les cataclysmes, de quelques causes fortes et directes. Pas plus qu'il n'y a lieu de raffiner sur l'éruption volcanique ou sur le tremblement de terre, il n'y a lieu d'ergoter sur les origines de la ruée allemande : du côté allemand, excès de force et de confiance, en raison même de la pénétration politique chez nous. Du côté français, impréparation militaire, et asservissement intellectuel et politique à l'ennemi masqué. Plus tard, après l'armistice, comme nous le verrons, viendront les divers remous et la complexité des conséquences, multipliés par un immense désarroi. Mais tout homme sain, ayant vu de près les événements subits de la fin de juillet et du début d'août 1914, ne saurait avoir une autre opinion que celle que j'exprime ici. Le fléau fut terrible, mais il fut logique, et conforme au caractère historique de la nation allemande, comme à la nocivité de nos institutions politiques. Ou alors il faut renoncer, — ainsi que le font par exemple les dirigeants anglais, — à admettre, dans les affaires humaines, le principe de cause à effet; et l'on doit considérer l'univers sous la forme macbethique du chaos. A ceci, notre peuple latin, formé à la discipline de l'esprit (même quand on l'a grisé de formules fausses), se refuse et se refusera toujours. Le Français normal est un homme qui veut voir clair dans son malheur et dans son deuil, afin d'en prévenir le retour. Il ne considère pas le monde terrestre comme une catastrophe (interrompue de négoces) en permanence, à la façon de l'Anglo-Saxon. Il pense, selon un vieux proverbe, que, comme on fait son lit on se couche.

La preuve est faite que, si l'on dresse son lit sous la République et ses annexes parlementaires, on se couche dans le sang. A ceci quelques entêtés (qui ont malheureusement conservé les clés de la maison en ruine) répondent mentalement : « Nous préférons l'invasion et le bain de sang périodiques, avec le lit républicain. » Soit, mais alors, dites-le tout haut.

Le désarroi des théories médicales et de la médecine en général, à la veille de la guerre, n'est pas moins intéressant à considérer que le désarroi politique et littéraire, que le désarroi des institutions; parce qu'il s'agit, là aussi, de connaissances et d'œuvres touchant immédiatement à la vie. Jamais le fétichisme des personnes et des travaux n'avait été plus complet, ni plus ridicule que sous Broca, Charcot, Bouchard, Debove et Cie. Il suffit de mentionner les localisations cérébrales (substratum de la religion matérialiste, entre 1890 et 1910), l'hypnotisme et l'hystérie, la monomanie évolutive, l'emploi des poisons chroniques, à tort et à travers; les hypothèses et explications touchant les diverses vésanies et folies, les régimes et modes de traitement, pour dresser le tableau des écroulements auxquels on assista ensuite, non en quelques années, mais en quelques mois. De toutes ces forgeries et hypothèses saugrenues, ou erreurs à demi-volontaires, *rien* ne subsiste aujourd'hui. Je dis RIEN. Si ce n'est le souvenir d'une outrecuidance d'hommes parfois intelligents, et même géniaux (cas de Charcot) mais qui se croyaient tels que des dieux. Du déterminisme de Claude Bernard, de l'évolutionnisme des disciples de Darvin, des Paul Bert et autres, que reste-t-il? Également RIEN. Le NADA du dessin de Goya, ce terrible rapport d'outre-tombe, gravé par le squelette sur la pierre, conviendrait bien ici. Toutes ces explications, à la fois sommaires et orgueilleuses, qui prétendaient résoudre, à l'École du soir, l'énigme du monde, et remplacer la foi par la crédulité, sont tombées en poussière et en cendre de cendre. Tout ce que l'on nous enseignait, il y a trente ans, est anéanti, et souvent anéanti par les disciples mêmes de ceux que nous considérions comme des maîtres.

Mon père disait que la guerre de 70 était le grand mur troué de balles, qui séparait le monde ancien (celui du second Empire, frivole et niais) d'un monde nouveau. Mais que dire alors de la guerre de 1914-1918, et du monde qui la précédait, beaucoup plus outrecuidant, pervers et sot que le second Empire! Avec cette aggravation que la leçon de 1870 avait été totalement oubliée par les conducteurs républicains de la France, dont les principaux (un Gambetta, un Ferry, un Waldeck, un Combes, un Rouvier, un Caillaux) étaient à la botte et à la dévotion de l'Allemagne. Nous savons d'ailleurs que pour les véritables républicains, pour les hommes de gauche authentiques, la leçon de 1914-1918 a été, elle aussi, parfaitement nulle.

La raison en est simple et psychologique : dans tous les domaines, sur tous les terrains, quel que soit le point de vue que l'on envisage, la mémoire, c'est l'hérédité. Toute démocratie est amnésique à la façon du tas de sable, sans cesse éboulé.

CHAPITRE II

LA GUERRE, LA NATURE
ET L'HOMME

Nous avons expliqué ailleurs pourquoi le dogme, luthérien, révolutionnaire et romantique, du « progrès », tel que l'a codifié *le Stupide XIXe siècle*, est, à nos yeux, un enfantillage et une erreur. Il y a dans l'homme quelque chose qui ne change pas, quelque chose d'immuable et d'éternel, qui le met en dehors et, de certaine façon, au-dessus de la nature; alors que d'autres parties de lui dépendent et dérivent de la nature, et lui sont soumises. Notamment en ce qui concerne l'instinct. La lutte constante de l'homme contre ses instincts (inclusions en lui de la nature, dans le temps même de sa formation) est une partie, non la moins importante, de ce drame éternel et voulu par Dieu; la lutte de l'homme contre la nature, la résistance de l'homme aux assauts, incessamment renouvelés, de la nature. On a défini la vie par une sorte de lapalissade : l'ensemble des forces qui résistent à la mort.

Mais la vie humaine, si particulière, si distincte de la vie en général, et notamment de la vie animale, pourrait être définie : l'ensemble des énergies qui résistent à la nature.

Toute lutte a ses phases, ses hauts et ses bas. A certains moments, l'industrie de l'homme, qui est à la fois morale et mécanique, arrive à capter et à utiliser, voire à asservir, diverses forces naturelles, visibles ou invisibles, accessibles, ou non, à nos sens. Il en résulte un immense orgueil, une sorte d'enivrement; et les philosophies issues de cette euphorie passagère (prompte d'ailleurs à basculer dans un altier désespoir) sont les philosophies matérialistes, dont l'ouvrage de Lucrèce est le modèle achevé, pour le monde antique. L'homme s'imagine alors que, par la science (qui est une phase du combat avec la nature), il sera le maître de l'univers, qu'il arrivera à le domestiquer. Étrange erreur ! Dans le moment même où il se forge cette illusion enfantine, une brusque échappée, ou une détente imprévue, ou une secousse sournoise, ou un contre-choc inattendu, de ces puissances extra-humaines, qu'il prétendait capter et dompter, viennent le briser, le décimer, le dissoudre, le réduire en bouillie, l'anéantir. Ce jeu terrible et grandiose, comportant plus d'une leçon, est rarement perçu par les savants, tout absorbés dans leurs calculs et leurs appareils, et gonflés, chacun dans son compartiment, d'un égocentrisme comique. Il est souvent compris des poètes, sous la forme de la mélancolie, de l'accablement, ou celle, plus rare, de la sérénité. (Voir, notamment, Gœthe et Mistral). Il est connu des ordres contemplatifs catholiques, qui sont ainsi les véritables dépositaires de la civilisation et ses gardiens.

En effet, dans les ordres catholiques, tout est organisé et combiné en vue de la résistance victorieuse à la nature, et à sa dépendance, qui est l'instinct. Les saints, en se mortifiant, bravent cette nature, contre laquelle ils implorent incessamment le secours du souverain Maître, par la prière et la méditation. En ce sens, ils implorent le miracle, qui est la seule et grande rupture de cette oppression, qu'exerce sur nous la nature, et que les négateurs du miracle augmentent en l'appelant fatalité, en la concevant comme inéluctable. On peut dire, dans une très large mesure, que ce qui a en nous le triple caractère de l'impulsion sexuelle ou sensuelle, de la périodicité, ou de l'obsession, est de l'ordre naturel, ou naturaliste; et que tout ce qui résiste à ce triple caractère est de l'ordre spirituel, ou mystique.

La perception très nette de ces réalités m'est venue, il y a quelques mois, au cours d'une émouvante cérémonie religieuse : le départ des missionnaires et la messe célébrée en leur honneur, à la chapelle de la rue du Bac. J'avais souvent entendu parler de cette cérémonie, mais je n'y avais encore jamais assisté, quand l'occasion m'en fut donnée, l'année dernière. Sa magnificence spirituelle, sa ferveur, commencèrent par me bouleverser, puis m'inondèrent d'une lumière étrange sur des points de politique, de sciences et de lettres qui m'avaient, depuis l'âge de raison, totalement échappé. On sait qu'à un moment donné l'assistance défile devant ceux qui vont partir, tout quitter délibérément, braver la soif, la faim, les divers périls, la méchanceté des hommes, une mort affreuse. L'assistance défile donc et chacun baise, non symboliquement, mais réellement, les pieds chaussés de ces héros, ces pieds « si beaux », comme dit le chant de leur départ. La sublimité réside en ceci que le sacrifice est total, absolu, sans espoir de retour et qu'il est fait par des êtres jeunes, en pleine force de vie, sur une injonction toute mystique. En ceci m'apparut l'essence spirituelle de l'homme, cette âme distincte, à la fois universelle et si personnelle qu'elle se subdivise, comme les rayons du soleil, en une infinité de consciences, dont la non-immortalité devient ainsi inconcevable : puisque l'ubiquité de l'espace ne peut être que connexe à l'ubiquité du temps. Sortant de là, je méditai pendant de longs jours, et au milieu des orages de la politique courante (ce qui est une bonne condition de repliement) sur la profonde originalité de cette personne humaine, en perpétuel combat avec tout le reste de l'univers; et une explication de la guerre m'apparut, que je voudrais exposer ici, avec le plus de netteté possible.

Je dirai donc que la guerre (fléau dévastateur et susceptible, en s'étendant, d'emporter l'humanité civilisée) me semble une revanche périodique de la nature sur l'homme, le type du cataclysme moral. Elle dérive, à la fois, d'appétits politiques, recouvrant des instincts déchaînés, et d'inventions physiques et chimiques, retournées contre les corps qui soutiennent les esprits dont elles émanèrent. Puisqu'il semble bien que, tout compte fait, elle soit l'aboutissement de cette industrie, dont nous sommes si vains, et qui ne nous livre l'apparence de tel élément (air, eau, force, terre, sous-terre, etc.) que pour nous permettre de noûs y mieux massacrer. Par et pour la guerre homicide, la nature va appeler, jusque dans les régimes abstraits du cerveau de l'homme, va évoquer les sciences mathématiques, d'aspect idéal et inoffensif. Elle leur demandera des ressources de mort. En même temps, le plus fort sentiment humain, celui du sol de la Patrie, où dorment les aïeux et qui assure notre subsistance, s'alarme du risque qu'ouvre la guerre, et court rejoindre et légitimer l'instinct féroce et dévastateur. C'est ainsi une irruption sauvage du dehors vers le dedans, à l'instant même où la courte sagesse humaine se flattait de tenir ces puissances extérieures et de les utiliser au bien-être, à l'habitacle, aux communications, à la vitesse, à la prospérité, au luxe, etc... De 1914 à 1918, la nature a fait cruellement payer à l'homme occidental les calculs et les mécanismes qu'il se flattait de lui appliquer, et par lesquels il espérait la maintenir et l'exploiter. Elle a assouvi sa vengeance dans des torrents de sang ; et rien ne dit que, demain, elle ne recommencera pas.

Est-ce à dire que de telles secousses (dont l'ampleur va sans cesse en augmentant, depuis cent trente ans) ne puissent être, dans une large mesure, ni conjurées, ni atténuées? Nullement. Nous n'admettons ni la fatalité particulière des guerres, ni leur suppression par le moyen d'organismes factices, sociétés des nations ou autres, ni leur disparition au sein de la fraternité universelle. La guerre, à notre avis, est éternelle, dans la mesure où la nature extra-humaine, l'instinct et l'homme le sont aussi. Mais elle est retardable, limitable, modérable. On peut la circonscrire, et diminuer ses ravages. On peut enfin la prévenir, et, le cas échéant, la devancer. Car, si son essence est, à notre avis, dans le conflit homme-nature que nous avons dit, son occasion est politique, et une politique sage peut la réduire, et réduire son extension. De la même façon que des précautions, prises en temps utile, peuvent limiter le champ d'un incendie.

Bien entendu, à toute explosion guerrière, il y a un prétexte, car la nature est, quant à l'homme, perfide et sournoise, d'une ingéniosité de bourreau chinois. La guerre extérieure prend comme prétexte une contestation coloniale, un incident de frontière, une difficulté d'ordre diplomatique, et, parfois même, un simple froissement. La guerre intestine ou civile (que l'on appelle aussi révolution) prend, comme thème, la justice pour tous, la liberté pour tous, l'égalité, la fraternité et, en général, l'amour du genre humain. C'est ainsi que la révolution française, qui a commencé en 1789 et n'a cessé, par l'adjonction de guerres étrangères et le principe de la nation armée, de faire verser des torrents de sang, est sortie de Jean-Jacques Rousseau, lequel prônait précisément la nature comme remède aux maux humains; et, derrière Rousseau, de Luther qui prétendait que chaque individu ne dépendît moralement que de sa conscience, à l'exclusion de toute autre autorité spirituelle. Cette hérésie intellectuelle fut reprise par Kant, et, comme un poison surajouté à un poison, le criticisme kantien vint joindre ses ferments de lutte et de haine à ceux du *Contrat social* et dans le même sens. En dépit de leurs titres antinomiques, la *Critique de la Raison pure* et la *Critique de la Raison pratique* ont fortement contribué à l'ébranlement de la raison européenne, au cours du XIXe siècle, en plaçant l'arbitrage suprême, par qui l'homme doit être régi, au centre des fluctuations incessantes du tempérament et du caractère. La notion du juste et de l'injuste s'en trouva singulièrement brouillée, et l'on peut dire que la plus grave querelle d'Allemand (en ses prémisses, comme en ses conséquences), fut celle qu'Emmanuel Kant institua avec le bon sens.

Le XIXe siècle apparaît ainsi être celui où, chez les Occidentaux, la nature s'est servie d'une philosophie homicide pour accomplir des ravages sans précédent. Bonaparte (dont on a dit d'ailleurs qu'il était une force de la nature, et chez qui la déraison était sentencieuse) s'est proclamé, à maintes reprises, notamment dans ses *Mémoires*, fils de la Révolution et disciple de Rousseau. En fait, il était un des plus redoutables instruments de la nature en revanche contre l'homme; et il décorait sa frénésie instinctive de tous les prétextes humanitaires du *Contrat social*. Mais il est à remarquer que quand la nature se sert ainsi du truchement d'un homme contre l'humain, elle le broie, pour finir, avec les autres. La plupart des grands conquérants en sont la preuve. Entraînés par un délire physique dont ils ne se rendent pas toujours parfaitement compte, et dont les girations deviennent sacrées pour eux et pour leur entourage, ils participent

du fléau et de la ruine, au milieu d'hymnes
d'allégresse, bientôt changés en malédictions.
Car la multitude, plus encore que le conquérant,
est facilement en proie à ces forces déchaînées
et instinctives qui participent (sans nulle méta-
phore) de l'ouragan, du torrent et du feu.

Un personnage peu connu de l'antiquité et
auquel j'ai consacré une monographie historique,
et à peine romanesque, Lucius-Cornélius Sylla
semble avoir eu une vue très nette de ce que
j'écris ici, et que paraît avoir ignoré, ou négligé,
Jules César. Sylla disait, en effet, que le chef
politique et militaire (à Rome, ces fonctions
étaient conjointes), devait redouter l'intrusion
et l'entraînement des puissances instinctives que
divinisait son époque, et se mettre un peu de
côté, ou de biais, afin d'éviter leur choc en
retour. Cela revient à garder la tête froide, tout
en opérant ces rudes redressements, dits « réactionnaires », qui économisent les vies des citoyens
et la substance civique des nations. Il y a une
humanité fort supérieure à l'attendrissement
fade, que l'on décore trop souvent de ce beau
nom; elle consiste à résister durement aux
assauts d'une populace ignorante, menée par
quelques coquins, et à épargner ainsi à un
peuple des calamités sans nom. Que de fleuves
rouges eussent été épargnés à cinq générations
de Français, si le trop bon Louis XVI, au 10 août,
avait fait tirer sur les émeutiers, au lieu d'inviter

les Suisses à « cesser le feu et à se retirer dans leurs casernements ». Chaque fois qu'un de mes enfants atteint l'âge de raison, je le mène au musée Carnavalet, où se trouve, sous vitrine, cet ordre bénin, si terrible en ses conséquences, et je lui montre ce qui en découla.

L'industrialisation a pris, depuis une centaine d'années, chez les nations européennes, une extension et une expansion extraordinaires. L'emploi de l'acier, l'extraction du minerai, la précision et le développement de la mécanique, ont poussé contre la nature des attaques vigoureuses, qui ont donné lieu à une multitude de travaux, de richesses et d'apologies, et créé même un type social bien défini : l'ingénieur. Tout près de nous, l'automobile, l'aviation, la télégraphie sans fil, les métaux radiants, permettent encore d'attendre beaucoup mieux. D'attendre et de craindre. En effet, si la courbe industrielle ascendante de 1870 à 1914 a déchaîné la revanche, naturelle ou naturaliste, de 1914-1918, que nous ménage le nouveau tourbillon mécanique issu de la grande guerre et multiplié par elle? En fait, et si nos raisonnements sont exacts, nous courons à une allure vertigineuse vers un nouveau massacre d'Européens, massacre opéré par les forces destructives sans compensation, que leurs travaux et leurs découvertes auront libérées et lancées contre l'homme. Dans un ouvrage remarquable, intitulé *les*

Guerres d'Enfer, où il montrait précisément la
multiplication et l'accélération des moyens de
destruction, Alphonse Séché, qui est un esprit
original et puissant, a développé ces sombres
perspectives. Des politiciens naïfs ont bien pro-
posé (notamment en Angleterre et en Amérique)
et préconisé un remède, qui serait la limitation
des armements. Mais celle-ci est incontrôlable,
invérifiable, impossible, vu la transformation
continuelle des machines à tuer et la production
de nombreuses substances homicides. En outre,
les contestations, nées de débats au sujet de cette
limitation préventive, seront, elles-mêmes, prétextes à guerres. Il n'y aurait qu'un remède à
l'industrialisme à outrance, menant à la guerre
exhaustive : le retour à l'état pastoral. Le jour
où l'Europe sera convertie en une sorte de désert,
parcouru par des hordes affamées (comme au
temps des invasions barbares), ce retour s'appli-
quera sans doute de lui-même, en même temps
que s'opérera une chute brusque, — par oubli,
— des sciences mathématiques et mécaniques;
certains pensent qu'en Assyrie, en Égypte, voire
dans l'Amérique des Aztèques, les choses se
passèrent jadis de cette façon. Les Pyramides,
les alignements de monolithes, etc., semblent
prouver, en effet, que les sciences meurtrières
et leurs développements, ne datent pas du
xixe siècle; et il est à présumer qu'un tel
cycle « homme contre la nature, — revanche

de la nature », s'est en effet reproduit bien souvent.

Sans aller jusqu'au Retour éternel de Frédéric Nietzsche, qui a le tort de tous les systèmes, et donc leur caducité, on peut admettre que, depuis l'apparition de l'homme, les grandes séries d'actions et de réactions, envisagées ici, se répètent avec de légères variations. Les quelques vagues connaissances, que nous commençons à peine à entrevoir, en histoire lointaine et en préhistoire, nous laissent conjecturer, comme une série de strates successives, des alternatives humaines d'ignorance ou de semi-ignorance heureuse (où l'homme fichait la paix à la nature et où celle-ci lui fichait la paix), et de science pure, puis bientôt appliquée, où la nature, sollicitée et trifouillée de mille manières, ripostait à son questionneur et tourmenteur comme il faut. C'est, en somme, la vieille fable d'Œdipe et du Sphinx. Je vous prie de ne pas conclure de ces remarques que je suis pour l'ignorance contre la science. Je m'élève seulement contre l'absurde préjugé de la science universellement bienfaisante, ou finalement bienfaisante, aussi absurde que le préjugé contraire. Il y a science et science. Mais la sagesse (qui est au-dessus de la science) consiste à reconnaître et saluer, dans la science, l'arbre du bien et du mal, et à savoir que la science industrielle, livrée à elle-même sans contrepoids, mène à l'hécatombe périodique. Il est

possible que l'aviation nous réserve, dans l'avenir, quelques délices, ou charme, dès maintenant, les amateurs fervents de déplacements
aériens. Je ne nie pas les avantages, commerciaux ou autres, du chemin d'air. Mais je
n'ignore pas non plus les ennuis de l'aviation
de bombardement; et, le 12 mars 1918, cependant que ma femme mettait au monde ma
petite fille, dans le fracas des éclatements tout
proches, je me récitais ironiquement les admi-
rables vers du *Plein ciel* de cet abruti de
Victor Hugo..., de ce merveilleux support à
insanités, et excitateur d'insanités, qui s'est
appelé Victor Hugo.

On répétait volontiers, de 1900 à 1914, que
les redoutables perfectionnements de l'artillerie
rendraient incontestablement la guerre impossible. Il n'en a rien été. L'homme s'habitue à
tout et arrive à surmonter, par un déclenchement métaphysique intérieur (par un transcen-
dental, dirait Maritain) toute espèce de peur et
d'angoisse. Un combattant du fort de Vaux, un
héros quasi légendaire de la guerre, le lieutenant
Raymond Batardy, m'a raconté qu'au milieu de
ce bombardement inouï, et qui procédait avec
méthode, mètre carré par mètre carré, il avait
été pris de fou rire en songeant à l'axiome
ci-dessous : « La guerre tuée par l'excès de
l'outillage. » Ce rire sera partagé par beaucoup
de Français, en lisant les déclarations actuelles,

aussi saugrenues que celles de 1913, sur le contrôle et la limitation des armements.

Il y a quelque chose d'illimité, par exemple, c'est la bêtise des chefs d'État, nourris dans les idées, protestantes et romantiques, du XIXe siècle. Il n'existe au monde aucun recueil d'âneries comparables à celles proférées par Viviani, Briand, Ribot, Painlevé (en tant qu'académicien) et Clemenceau lui-même, en y joignant le méthodiste Lloyd George et le quaker Wilson, entre 1914 et 1919. Comme incapacité de redresser des erreurs, dans le moment où elles s'avèrent sanguinaires, on n'imagine rien de plus complet, ni de plus burlesque.

Entre la guerre civile et la guerre étrangère (l'une et l'autre se succédant, ou s'entremêlant, à la façon d'un nœud de vipères), il y a eu dans le monde ancien, et il y a dans le monde moderne, cet état de confusion et d'amnésie politiques, particulièrement favorable au brigandage financier, que l'on appelle la démocratie. On ne saurait mieux le comparer qu'à une peste, venant après les grandes saignées, et en préparant d'autres, selon un mécanisme aujourd'hui parfaitement connu.

Que cette notion, qui fut celle de tous les esprits raisonnables et clairvoyants dans le monde antique, des principaux hommes d'État, théologiens et philosophes dans le moyen âge et, dans les temps modernes, chez les peuples

civilisés, que cette notion ait été perdue à la
fin du XVIIIᵉ siècle français, et pendant tout le
XIXᵉ, voilà qui provoquera l'ébahissement de
l'avenir. L'idée de remettre le gouvernement des
cités, cette chose fragile et délicate entre toutes
(humaine par excellence et qu'assaillent toutes
les puissances de délitement et d'éboulement de
la nature), au suffrage de la masse ignorante et
à des assemblées élues par cette masse, voilà une
folie toute pure. Chaque fois qu'elle s'est pro-
duite (sous l'influence d'une perversion périodique de l'esprit), cette folie a provoqué des
désastres, amené la ruine et la déchéance des
cités, selon un rythme toujours identique et
défini, depuis Aristote. Mais l'original et l'étonnant, c'est que le XIXᵉ siècle ait glorifié et divi-
nisé cette vieille folie, voyant en elle le sommet,
l'apogée de son progrès imaginaire et la source
de toutes les félicités futures. En attendant
l'époque bénie où la peste démocratique, et (selon
la recette anglaise) parlementaire, projetterait
sur nous ces délices, les essais et établissements
d'un gouvernement aussi absurde aboutissaient
rituellement au désarmement, à l'invasion, au
massacre, et, d'autre part, au dépeuplement.

Mais plus ces effets immanquables, et annoncés
de tous temps par tous les sages et docteurs de
l'humanité instruite, se multipliaient, et plus nos
politiciens célébraient, sur le mode majeur, leur
peste de choix; plus ils la déclaraient profitable,

féconde et bienfaisante aux nations. Quand, par le poids des erreurs, fautes et crimes de la démocratie parlementaire accumulés, éclata la guerre exhaustive de 1914, le délire des effrayants abrutis, issus de la fange socialiste, de la vieille boue humanitaire, qui menaient la France malheureuse à ce moment-là, ne connut plus aucune borne. Viviani le veau, Thomas le chafouin, à facies de porc, Briand le policier et leurs compères, émules et complices, déclarèrent, sur le mode lyrique, que cette guerre (fille du régime républicain, autant que de l'avidité prussienne) était celle des démocrates contre les tyrans, du parlementarisme contre l'absolutisme, bref du droit contre la force ! Pendant quatre ans de tuerie, sous une averse de sang frais, ces honteuses calembredaines dégringolèrent de ces trognes salivaires sur le papier imprimé; et cela s'appela notre propagande ! Cependant que l'intelligence de ses chefs militaires et l'héroïsme de ses soldats sauvait la France, le balbutiement animal, le jargon luthéro-républicain remplissaient une presse abêtie. Jamais le rabougrissement de l'esprit politique n'est apparu dans une lumière plus crue.

On pense bien que le paysan français, son fils le petit bourgeois, et son petit-fils achevant ses études, se fichent profondément de la démocratie, et que la guerre du Droit n'a pour eux aucune signification. D'ailleurs la Belgique, qui brava le premier choc du monstre allemand, est une monarchie; et seul son roi Albert, dès le début, fut à la taille de la lutte qui s'ouvrait, et d'une magnanimité prévoyante. Cette logomachie de comités électoraux, transportée dans l'âpre réalité d'une lutte de géants, donne envie de vomir. Les Français se battirent *pro aris et focis* comme s'étaient battus leurs pères, à toutes les époques d'une histoire qu'ils ignorent (grâce à la démocratie), mais qui revit en eux. Ils se battirent aussi, parce que la feuille de mobilisation leur avait ordonné de se battre, comme la feuille du percepteur leur ordonne de payer. Lancés dans la guerre, ils luttèrent contre les forces déchaînées de la nature (dont l'Allemagne avait ouvert les écluses) avec toutes les puissances de l'homme, et particulières à l'homme, qui sont l'endurance raisonnée, la métaphysique obscure et la mystique. Ils eurent des âmes de missionnaires sur place. Ce fut une éblouissante transfiguration, d'autant plus belle qu'elle était sans moyens d'expression, et venait après un siècle et plus de bavardages menteurs et laids, en prose, en vers, en *assemblées* surtout.

Tous ceux qui ont vu de près les combattants de première ligne, sans cesse exposés, et auxquels on demanda, pendant quatre ans, le sacrifice constant de leur vie, au milieu d'une fatigue sans nom, tous ceux-là ont remarqué, chez ces hommes d'élite, une sorte de secret farouche. Soit que l'impossibilité leur apparût (sous la forme de la pudeur) d'exprimer le monde de sensations qui les agitaient. Sentiment que l'on retrouve chez l'enfant, ou le jeune homme, ayant assisté à un spectacle trop fort, ou trop riche, pour ses nerfs. Soit que la force méditative, qui gît aux profondeurs de l'être, au delà du domaine verbal (restreint quant à ces profondeurs) continuât de les obséder. Chez tous, se remarque une altération spéciale du regard, partiellement soustrait à l'ambiance, et comme embué d'un rêve durable; mais entremêlé d'alternatives d'ironie, et d'une ironie très spéciale, bien plus réaliste et savoureuse que ce que nous avons connu auparavant.

L'endurance raisonnée (qualité maîtresse du paysan français, à quelque province qu'il appartienne) est précisément celle qui résiste aux intempéries, qui surmonte les difficultés de la terre et des saisons, qui feint de se soumettre à l'hostilité constante de la nature, afin de la mieux tourner. C'est la faculté, bien connue, de tous les véritables travailleurs, quelle que soit la forme de leur labeur; car tous nous descendons des paysans; et la poésie virgilienne, ou mistralienne, comme la réflexion pastorienne, a ses origines dans l'assiduité aux travaux des champs, dans la méditation à la chute du jour, ou devant les étoiles. L'effort du laboureur, et la rêverie du berger, commandent le lyrisme de tous les temps, et aussi l'esprit d'observation méthodique. Alors que le sport artificiel et anglo-saxon (s'il est un amusement légitime et excellent pour la santé) n'est nullement une ouverture, ni un excitant, pour l'imagination, faculté maîtresse de la vraie activité humaine. Tout homme, qui agit utilement dans une intention déterminée, imagine, dans la mesure même où il agit. La guerre, action violente, poursuivie, méthodique, et dont l'objet est soit un gain, soit une délivrance, s'appuie (on l'a bien vu) sur l'endurance raisonnée.

La métaphysique obscure a été complètement négligée par la psychologie moderne, et principalement contemporaine. C'est celle des simples et des non-instruits. Elle va souvent plus profond et plus loin que les orgueilleux et vains systèmes des philosophes professionnels. Elle se traduit dans les proverbes de terroir, dans les chansons, dans certaines exclamations, réflexions et répliques. Elle se galvaude et se perd dans le primarisme, dans les notions, prétendues scientifiques, qu'embrouille l'ignorance infatuée des instituteurs ou des professeurs en Sorbonne, corrompus par la politique. Au cours de mes nombreux séjours à la campagne, ou déplacements en France (car l'étranger ne m'intéresse plus du tout et je n'ai plus trop de temps pour connaître un peu, avant de m'en aller, les gens

de ma langue et de mon pays), j'ai fait parler
de très nombreux paysans, notamment pendant
la guerre et après la guerre. Régulièrement, au
bout d'une demi-douzaine d'observations amu-
santes et de souvenirs lugubres, apparaît, transparaît, comme une méduse dans l'eau, cette
métaphysique obscure, trésor caché de ces dures
existences. Je ne l'ai pas découvert, ce trésor
de l'esprit, entre ciel et terre; et un des plus
chers et des plus précieux parmi nos contemporains, Maurice Maeterlinck, y a fait de nombreuses et fréquentes allusions. C'est un legs
divin et dont la poursuite m'enchante, tel le
filet d'or vierge transportant de joie le prospecteur au Klondyke; tel le magnifique brochet
inattendu exaltant le pêcheur à la ligne. Que de
fois, sur la route poudreuse, ou ravinée par la
pluie, tandis que s'éloignait mon interlocuteur
champêtre, ai-je admiré, avec étonnement, la
phrase qu'il laissait au creux de mon oreille,
cette étonnante sagesse, ces perspectives ailées!

Or, dans la tranchée, précédant le cercueil
froid et sommaire, comme au moment surhu-
main de l'assaut, comme sous l'ouragan d'artillerie, cette métaphysique paysanne s'est éclairée
de lueurs soudaines, et a fait (nous en avons la
certitude) de rapides mais de foudroyants penseurs, avec ceux que la nature torturait. Tous
n'ont pas péri (si beaucoup, hélas, ont péri)
parmi ces révélés à eux-mêmes. Ni en eux, ni

surtout en leur descendance, de pareils éclairs ne peuvent être perdus. Cela se retrouvera, n'en doutez point, sous des formes que l'on peut conjecturer. Car il n'est aucun des phénomènes, même prétendus secrets, se passant à l'intérieur d'un esprit humain, dont un autre esprit humain ne puisse avoir l'aperception, à l'aide de cette métempsycose rapide, qui est à la portée de tous. Je tiens sans doute de mon père Alphonse Daudet cette faculté de me transporter dans l'intimité morale de celui avec qui je converse, au point d'oublier ou de négliger, les trois quarts du temps, l'objet de notre conversation, pour poursuivre cette métaphysique obscure.

Chez les anciens combattants, elle n'a fait qu'augmenter cette faculté métaphysique, à mesure que le délai s'écoulait; et j'en dirai autant du troisième sentiment, moins répandu celui-ci, cependant assez fréquent : et qui est le sens mystique. Le lieutenant Dupouey, dans sa correspondance, Henri Ghéon, dans un beau livre, d'autres encore, nous ont montré l'apparition et le développement (aussi la stabilisation) de cet état de haute clairvoyance intellectuelle, qui passe en délices toutes les voluptés mentales connues. L'homme n'est pas seulement un endurant raisonneur, et un fabricant d'images métaphysiques multipliées par l'effort. Il est aussi un appareil à sécréter ce suc exquis de la méditation et de la prière que l'on appelle le

mystique, et dont absolument rien, — je dis
rien, — dans la nature extérieure, sa constante
adversaire, ne lui fournit les éléments ni le
germe. Alors que la métaphysique obscure est
constante chez l'homme des champs, en état de
ruse et de collaboration instable avec la nature,
le mystique procède par irruptions soudaines,
chez l'inculte cru et traditionnel, ou chez le
grand cultivé. Les témoignages que nous en
avons, depuis la grande guerre, indiquent un pro-
cessus presque rituel. Cet état, suave et brusque
comme une révélation, naît, chez ses privilégiés,
de la confrontation avec l'image constante de
la mort.

La Rochefoucauld a dit, dans une phrase
célèbre, que « la mort, ni le soleil ne se peuvent
regarder fixement ». La formule est belle, mais
inexacte en ceci que toute une catégorie d'humains (les Ordres religieux) sont précisément
occupés à regarder la mort fixement et s'en-
traînent à en savourer le spectacle. Ceci fait que
les plus déchirants cris de désespoir des poètes,
déplorant la chute des heures, des jours, et des
années, et l'inévitable disparition de leurs pré-
cieuses personnes, laissent les moines froids et
souvent railleurs. Chaque fois que l'honneur
m'est donné de converser avec un religieux, je
suis frappé de l'envergure de sa critique même
littéraire, et non pas seulement philosophique.
Envergure qui tient à ce qu'il a devant lui le

grand mètre étalon, la grande jauge, qui est la vision du tombeau ouvert et prochain. Cette cohabitation mentale avec la Camarde n'altère nullement la gaîté des moines, au contraire. Elle les délivre d'un vain souci. Ils sont tranquilles et pleins de sérénité quant à l'essentiel. Ils ne tremblent pas comme des enfants, ils ignorent la chair de poule d'un Chateaubriand, d'un Lamartine, d'un Loti. Ils s'efforcent, au contraire, de tirer, de cette réflexion touchant l'Inéluctable, les éléments de sagesse et d'équilibre qu'elle contient et qu'ils mêlent, comme un parfum de cendre tiède, aux actes les plus humbles de l'existence. Ils s'appuient sur elle, pour voir Dieu d'abord (qu'on ne distingue qu'à travers la Mort et la Souffrance), ensuite leur semblable et eux-mêmes. Ils utilisent ces ténèbres (aux yeux du vulgaire) comme un flambeau.

Or, les soldats français, pour la plupart de sang catholique (même après un siècle d'incrédulité, mais qu'est-ce que cela !) qui, pendant quatre ans avaient vécu en présence et sous le coup de la menace de la mort, s'apparentaient singulièrement à ces religieux. Ils vivaient au sein d'une messe de *Requiem*, dont ils faisaient souvent les frais; elle les arrachait aux petitesses habituelles, souvent même à toutes préoccupations, les laissant nus et frissonnants devant la fin, c'est-à-dire devant le Créateur, devant l'énigme résolue dont ils ressentaient davantage tantôt l'énigme, tantôt la résolution. Situation pascalienne et qu'il n'est pas besoin d'être Pascal pour ressentir. Situation où les suffusions, les suggestions et la méchanceté de la nature étaient complètement domptées en eux. Carnage plus horrible, me direz-vous, si en arrachant ces héros, il arrachait avec eux les pensées sublimes qui les habitaient. Oui certes, mais chez les survivants, quel extraordinaire potentiel !

On comprend que, devant cet immense renouveau de métaphysique et de mystique qu'il lui fallait bien constater (et qui le menaçait et le menace dans ses entrailles), le gouvernement animal de la démocratie française se soit effrayé. On comprend qu'il ait mobilisé les lamentables lieux communs dont se repaissaient, depuis 1789, ses mornes créatures, ses avocats verbeux, ses rhéteurs. On comprend qu'il ait appelé à l'aide la logomachie anglo-saxonne, assez voisine de la sienne, vu le retard sur la culture latine en Angleterre et en Amérique, retard tenant à la pratique exagérée des sports. S'il devait rester quelque chose des affirmations des présidents du Conseil qui se succédèrent de 1914 à 1922 (concernant la philosophie de la guerre, par exemple), ce quelque chose serait un des produits les plus grotesques de cette caricature de l'humain qu'est un démocrate. Mais comment en resterait-il quelque chose! Avec Poincaré, Lorrain que laboura plus profondément qu'il ne voudrait le laisser paraître, la vision de la guerre, les faits, du moins, demeurent les faits; et le jargon républicain est réduit au minimum. Néanmoins, il transparaît encore, ici et là, gâchant des pages par ailleurs bien venues. C'est le langage d'un patriote, d'un juriste, totalement dénué de métaphysique obscure et surtout de mystique. On sait qu'en fait de pères de l'Église, il n'a jamais fréquenté que Renan.

J'en dirai autant des discours académiques auxquels se sont évertués, dans les cérémonies et pompes officielles, les valets verts de l'Institut. Avec cette différence que, chez eux, la servilité masque tout et même un fléau de cette envergure. J'avais toujours eu un solide mépris pour l'intelligence et le caractère d'un Lavisse, d'un Hanotaux, d'un Doumic. Ce mépris s'est encore augmenté, depuis les bavardages de ces malheureux devant les monuments aux morts.

Chapitre III

L'INUTILISATION DE LA VICTOIRE

La démocratie (nous l'avons vu) c'est le
nombre, c'est-à-dire la matière, ou la nature,
maîtresse de ce qu'elle ne connaît pas. C'est,
— cette fois à l'état statique, — la revanche
des forces naturelles contre l'homme, à la façon
de l'invasion et de la guerre. C'est-à-dire, en
un mot, la barbarie. Il n'y a pas de pire régres-
sion, de méconnaissance plus violente de l'humain que ce que le XIXe siècle, dans sa prodigieuse sottise et ignorance, a appelé le progrès
démocratique.

Il est donc tout à fait logique que la démocratie française ait provoqué la ruée allemande,
à la façon d'un aimant attirant le fer. Mais
cette ruée allemande, qui la mouvait, si ce n'est
l'État prussien? Et qu'est-ce au fond que l'État
prussien si ce n'est le socialisme en action?
C'est ainsi que les calembredaines de Viviani,
de Briand et autres Thomas, Ribot et Painlevé, ont masqué au peuple français la double

et véritable origine du fléau : ici, l'impréparation militaire, tenant à l'État républicain, antimilitaire par définition et absordé dans la lutte des clans. Là-bas, au delà du Rhin, l'appétit des sozial-démokrates, conduits par l'esprit luthérien, incarné dans la personne de Guillaume II. Mais, à partir du moment où, grâce à la valeur intellectuelle des chefs français (soigneusement dissimulée au public) la victoire a commencé d'apparaître, c'est-à-dire dès le 10 août 1918, l'autre branche du protestantisme (le méthodisme anglais et le quakerisme américain) a redouté la chute trop profonde du luthéranisme allemand, et travaillé « contre l'abus de cette victoire », disait-elle, mais, en fait, contre cette victoire.

Leur formation intellectuelle et morale inclinait les dirigeants républicains français, et notamment Clemenceau, vers l'acceptation de la victoire invisible. Cette conception flattait le vieux romantique anglicisé, nourri, dans le milieu de Hugo, de Quinet, de Spencer, de Stuart Mill et de Michelet, et aux yeux de qui Renan, cet anticlérical forcené et feutré, demeurait un maître en scepticisme. Clemenceau est un de ces hommes qui donnent leur mesure d'énergie dans l'adversité, et que le succès engourdit. Il a rendu à son pays le service immense de le délivrer de la trahison (tenant d'ailleurs, et de longue date, aux affinités de la

République et de la Prusse), mais il n'a pas su se délivrer lui-même des redoutables turlutaines de sa jeunesse et de son âge mur. Un vieux fou comme Victor Considérant, un illuminé comme Blanqui, sont demeurés, aux yeux de Clemenceau, bleu de Vendée, des « penseurs ». Il ne s'est intéressé au mouvement des esprits, depuis 1900, que dans la mesure où il ne contrecarrait pas ses marottes. Il continue à croire, dur comme fer, au bienfait de la grrande Révolution. C'est un sentimental complet, à la façon de tous les grands impulsifs.

J'ai vu de près Clemenceau dans ma jeunesse. Je n'ai jamais même entrevu Lloyd George ni Wilson ; mais le premier apparaît comme un roué, qui fait le sermon au temple le dimanche, un roué protestantisé des pieds à la tête, ennemi né de tout ce qui est direct, net, clair et latin. C'est le calcul bancaire, avec un prêche et un rictus. L'enfantillage du second s'est montré, en traits de feu, dans l'énoncé des quatorze propositions (pas une de plus, pas une de moins) indispensables, selon lui, au rétablissement de la paix. J'ai connu, dans les hôpitaux, au temps de mes études, un fou qui ne concevait le bonheur de l'humanité que par le desséchement du lac Léman, qu'il appelait le *Sortège* (pour « sortilège », sans doute) du *Lémana*. Les quatorze propositions de Wilson me sont toujours apparues comme dérivées de ce *Lémana*, et son ramollissement ultérieur ne m'a nullement étonné. Il en offrait du reste d'autres signes. Une de ses idées les plus baroques fut de confier, dès août 1918, la refonte de la carte européenne (selon ses plans hilarants, hélas !) à un comité de professeurs d'histoire et de géographie américains, auquel nous devons ainsi le chaos actuel. C'est à Wilson que l'on doit aussi le Covenant, ou Société des Nations, qui est le brandon de la guerre de demain, et dont s'est sagement retirée l'Amérique, délivrée de Wilson. On connaît aujourd'hui le monstre dont ont accouché ces trois ahurissants gentlemen et qui est le traité de Versailles. Nous avons toujours admiré à *l'Action française* que le traité de Versailles n'ait pas encore déchaîné, à l'heure où j'écris, une nouvelle guerre européenne. Ceci prouve que les circonstances arrivent parfois à retarder les cataclysmes provoqués par l'insanité des hommes. Néanmoins, il serait sage de ne pas trop s'y fier. La folie du traité de Versailles résidait principalement en ceci qu'il présumait une Allemagne se reconnaissant vaincue, demeurant unifiée, tranquille comme Baptiste, et acquittant régulièrement ses obligations réparatrices, se montant à quelque 132 milliards, entre les mains des percepteurs alliés. Un tel plan juge ceux qui l'avaient établi et furent très étonnés ensuite de le voir s'en aller en bouillie. Une autre folie était l'institution de commissions militaires de surveillance et de contrôle (dans un pays de 70 millions d'habitants !) sans occupation préalable de la capitale politique de ce pays, qui est Berlin. Mais l'erreur qui dépassait tout, c'était le maintien de l'unité allemande. Clemenceau a allégué, pour son excuse, qu'il avait dû s'incliner devant la volonté formelle de ses deux camarades de cabanon. Tout de même, il pouvait et devait casser les vitres et au besoin faire bande à part, sur une question de cette importance. S'ils avaient eu le sentiment de son irréductibilité sur ce point, Lloyd George et Wilson l'auraient finalement rejoint. S'ils ne l'avaient pas rejoint, il y avait plus d'un moyen de passer outre.

Sur un autre point, et de première importance, son vieux fond d'anticléricalisme a joué un autre tour à Clemenceau : je veux parler de la question d'Autriche. Cette extraordinaire, fourbe et loquace vieille bête, mêlée de démocratisme et d'académisme, que l'on appelait le bonhomme Ribot, lui avait ouvert, dans cette direction, la voie malsaine, en refusant, en 1917, d'écouter le malheureux empereur d'Autriche, Charles, qui désirait, dès ce moment, la paix séparée. Mais cinquante ans après la leçon formidable de Sadowa (où les républicains de Paris illuminèrent, comme ils devaient d'ailleurs illuminer pour Sedan, au 4 septembre), démembrer

l'Autriche en laissant l'Allemagne unifiée, parce
que la première était catholique et la seconde
luthérienne, c'était tout de même un peu raide !
Les zélateurs de Clemenceau, eux-mêmes, semblent s'en être rendu compte et le silence gêné,
sur ce point, à la Chambre, de l'infortuné
M. Tardieu (conseiller privé du traité absurde)
m'a beaucoup frappé. Au résumé, Clemenceau
demeura, ou redevint, un homme de gauche
dans la fabrication de la fausse paix de Versailles, alors qu'il s'était montré homme de
bon sens, c'est-à-dire de droite, dans la termi-
naison de la guerre.

Le traité de Versailles représente ainsi le
triomphe (éphémère) de l'esprit anglo-saxon et
protestant, dressé contre l'esprit latin et catholique, qui avait, en somme, battu l'Allemagne.
Dans tous les domaines, nous allons voir opérer
cet esprit, funeste et sommaire, de l'autre
branche de la Réforme, aussi opposé et irréductible, sinon aussi hostile à l'esprit français
que la branche prussienne. Ici une remarque
s'impose : ce qui ligotait la France à l'Angleterre, après la victoire, ce n'était pas seulement
l'anglomanie de Clemenceau et de son collaborateur Tardieu; anglomanie les poussant l'un
et l'autre à considérer comme un sacrilège la
seule pensée d'une dissidence et, à plus forte
raison, d'une rupture. C'était aussi ce fait que
ce système d'enfant arriéré, par lequel fonc-

tionne la peste démocratique, et que l'on
appelle parlementarisme, est d'origine anglaise.
C'est d'outre-Manche que nous est venue, à
la fin du xviiie siècle, cette boiteuse machine à
rhéteurs et à clans, avec laquelle tout travail
utile et prompt est impossible. Désobéir à
l'Angleterre, dans l'esprit des républicains de
style Clemenceau, c'est désobéir au professeur
de parlementarisme, à la mère de la mirobo-
lante invention du tour de parole, des boîtes
et des votes. Si Clemenceau accepta, des mains
de Wilson le maboul, l'insanité supplémen-
taire du Covenant, c'est que c'était (ô douce
merveille, ô aubaine inattendue !) un autre parlement (et genevois donc !) surajouté à un parlement, ainsi qu'une dose de jeune sulfate de
soude, poussant la vieille huile de ricin !

A y regarder de près, l'esprit protestant,
démocratique et genevois (Rousseau), qui devait
rendre notre victoire d'abord invisible, puis
inutile, avait fait des siennes, dès le début de
la guerre, et pendant la guerre. Comment expliquer autrement cette décision extraordinaire de
ne jamais mentionner, dans le communiqué, la
personnalité d'un général victorieux, de ne
jamais nommer même aucun officier, supérieur ou autre, de ne jamais publier la descrip-
tion d'un exploit, d'un coup de main heureux.
Cette guerre, dont on proclamait d'autre part
la sainteté, était ainsi envisagée, par les diri-

geants républicains, comme une chose honteuse
et dont il importait de dissimuler les conducteurs et les épisodes. Dans cette abracada-
brante mesure, il y avait certainement le désir
de faire la démarcation nette entre l'armée
patriote et militaire et l'arrière demeuré sceptique, apatriote et indifférent, voire électoral,
dans le vœu des politiciens. *Eux* se battent;
nous nous votons. C'est la conception de Hugo
dans *l'Histoire d'un crime* : « Le citoyen a son
fusil, le représentant a son écharpe. Tout va
bien. » Traduction libre : « Fais-toi casser la
gueule, peuple souverain, pendant que tes gouvernants se gobergent. » Mais, en dehors de ce
sentiment si républicain, il y avait aussi le mot
d'ordre calviniste, la consigne de ne pas signaler
les héros, de ne pas pousser à l'héroïsme, cette
même grotesque consigne qui avait fait supprimer naguère le concours général, puis les dis-
tributions de prix.

Ces messieurs Viviani, Thomas, Ribot, Painlevé, Briand et autres, considéraient en somme
qu'il fallait bien que les soldats défendissent
la Patrie de leurs poitrines. Mais qu'il fallait
aussi que le métier d'officier continuât à être
considéré comme inhumain, arriéré, sanguinaire, autoritaire, et, pour tout dire, inférieur
et assez dégoûtant. C'était la conception de
Jaurès (renouvelée des Conventionnels) dans son
Armée nouvelle, qui est bien un des livres les

plus sots et les plus involontairement comiques
qui aient été écrits. Je connais ce côté de la
question parce que j'ai fréquenté, jadis, les
milieux protestants de la République, où l'on
interdisait aux jeunes enfants, comme malsain,
le jeu des soldats de plomb, et où l'on n'ad-
mettait, en fait de guerre, comme légitime,
que celle des Albigeois.

Il ne faut jamais perdre de vue, dans l'histoire politique de la guerre, que le bloc de
gauche (ou, plus exactement l'association radicale [c'est-à-dire protestante] et socialiste [c'est-
à-dire prussienne] des intérêts franco-allemands)
avait triomphé aux élections funestes de mai
1914. Le chef du bloc de gauche était Caillaux,
dont j'ai suffisamment parlé dans *l'Hécatombe*
et ailleurs pour n'y plus revenir. Mais la pensée
de Caillaux hantait, plus ou moins, Viviani,
Briand, Ribot et Painlevé, ceux que nous appelons, de leur vrai nom : les quatre abrutis. Cette
pensée était la suivante : la fatalité a mis aux
prises les armées de l'Allemagne et de la France.
Mais les peuples et leurs dirigeants politiques
peuvent continuer à échanger des points de vue
et même à faire des affaires. L'hostilité armée,
c'est bon pour le *servum pecus* et pour les militaires et traîneurs de sabre. Pendant qu'ils s'en-
tre-tuent, les politiques combinent des arrangements calés, et les financiers et industriels
bâtissent des plans. J'ai à peine besoin de faire

remarquer combien cette conception délirante
(mais Caillaux est un déséquilibré, qui a une
certaine force de persuasion) allait, comme un
gant, à la finance internationale. Elle allait
aussi au calvinisme genevois, installé en Suisse,
comme la Mecque des affaires. Rousseau l'avait
formulée dans le *Contrat social :* les États, et non
les peuples sont en guerre.

Au fond, cette conception était celle de presque
tous les républicains, dès la conclusion de l'armistice. Elle leur semblait moderne et très forte,
conforme au progrès. Malheureusement, elle
était contraire à la nature des choses et au sens
et à la flèche des événements. Elle a été pour
beaucoup dans l'inutilisation de la victoire. Un
vague socialiste a parlé, un jour, du « boulet de
la victoire ». Dans l'esprit des démocrates,
c'était bien cela. Je les entends d'ici comme si
j'y avais été : « Limitons le dégât. » Clemenceau,
emporté par son atavisme paysan et salubre,
contrevint à la discipline républicaine en faisant, en 1918, la guerre pour de bon, la guerre
totale, qui nous assura la victoire. Mais voyez un
peu : dès 1922, Clemenceau, retour d'Amérique
(où il avait constaté que la chimère de sa jeunesse n'était pas encore complètement claquée)
déclarait ne pas vouloir de l'occupation de la
Ruhr « *parce que* (disait-il) *je crains les grèves.* »

Et pourquoi craignait-il les grèves ?

Parce qu'elles pouvaient déclencher la révolution générale. De la part d'un fils de la grande Révolution, cette crainte, avouons-le, est plutôt comique. Mais alors la *Mêlée sociale* et le *Grand soir*... qu'en faites-vous, ô glorieux vieillard, dont un éclair de bon sens, c'est-à-dire d'anti-démocratisme, a, en quelques mois, nettoyé le territoire de la présence des traîtres et de l'occupation de l'ennemi?

C'est parce que l'on faisait la guerre à l'État allemand (formule Rousseau) non au peuple allemand, que l'on n'a pas exigé, à l'armistice, la reddition classique de l'Allemagne vaincue et la remise des armes. Dans le même esprit a été esquivée l'occupation, cependant si nécessaire, de Berlin. L'Angleterre s'est fait remettre la flotte de guerre allemande. La France a négligé (sur le conseil impératif anglo-américain) de se faire remettre tout de suite tout l'outillage allemand de la guerre.

Il en est résulté... ce que l'on a vu depuis. A l'armistice, Clemenceau, gonflé d'un contentement légitime, s'est souvenu qu'il était républicain. L'irréparable bévue qu'il a commise alors, ou qu'il a fait commettre au maréchal Foch, dérivait de l'esprit républicain.

Deux autres « bateaux » d'origine anglo-saxonne et protestante, et rapidement tournés ici en doctrine paradémocratiques, ou d'appui à la République branlante, ont largement contribué à l'inutilisation de la victoire. Le premier

« bateau » fut celui de l'économique primant et se subordonnant la politique. Le second fut celui de la diplomatie nouvelle, ou de chef d'État à chef d'État.

Je ne sais si, quand on lira ceci, Alexandre Millerand sera encore président de la République. « Forse que si, forse que no, » comme dit le poète romain, arraché par la guerre à l'enfantillage des gens de lettres. Alexandre Millerand, lui, n'a pas été arraché par la guerre à l'enfantillage parlementaire. Cet homme ponctuel, laborieux, à l'œil intelligent et rancunier, bon père de famille, bon administrateur, gêné dans le rôle de chef d'État, s'est trouvé, aussitôt après Clemenceau, grande vedette et président du Conseil. Il m'a fait l'effet, à la Chambre, d'une personnalité plutôt sympathique, d'un faux bourru qui peut quelquefois être un vrai bourru, mais d'un psychologue imparfait, silencieux dans les contacts, borné dans les idées, et crédule. Il tend à persister dans l'être, avec une figure carrée, de forts sourcils, un corps musclé et sain, et de petits pieds bien chaussés, qu'il contemple volontiers. Il ne dit pas un mot à ses voisins de table et il parle abondamment, facilement et incorrectement, au dessert. C'est un bourgeois calculateur, qui avait discerné dans le socialisme, puis dans l'anticléricalisme, un moyen de parvenir, puis qui a compris que le vrai chemin n'était plus là. Il est instruit, et

même cultivé. Ses anciens camarades de collège
(signe excellent) ont gardé de lui, même avant
son ascension, le meilleur souvenir. Enfin, alors
que tous fichaient le camp à Bordeaux, il a
tenu le ministère de la guerre, à la veille de la
victoire de la Marne et pendant cette victoire.
C'est donc quelqu'un, sur le palier moyen,
parbleu.

Mais c'est quelqu'un d'impressionnable au
vent qui passe, à la théorie économique à la
mode, à l'homme disert et éloquent (pourvu
qu'il s'affirme républicain) au baron Ernest
Seillière, qui confond le meilleur et le pire
(intellectuellement s'entend) à Loucheur, gosse
de la finance, et à beaucoup d'autres. Quand,
excellent commissaire général d'Alsace-Lorraine
au lendemain de l'armistice, il rencontre, pour
le guider, le docteur Bucher, qui maintint, avant
la guerre, l'influence française en Alsace, ça va
bien. Quand il rencontre, comme conseiller
technique, Philippe Berthelot ou le banquier
Finaly (Horace) omnipotent directeur de la
Banque de Paris et des Pays-Bas, ça va mal.
Quand il rencontre enfin, sur son chemin d'avocat et d'honneurs fragiles, le bateau de l'Économique primant et informant la politique, alors
c'est Laurent ambassadeur à Berlin, c'est lord
d'Abernon maître de notre conduite et de notre
attitude vis-à-vis du gouvernement allemand,
et cela peut être désastreux. De tout temps,

les Anglo-Saxons ont eu une tendance à croire que l'économie politique était tout et la politique proprement dite son humble servante. Le grand ouvrage de Thorold Rogers sur les *Interprétations économiques de l'Histoire*, qui date d'une quarantaine d'années, annonçait déjà M. Keynes et ses ridicules inductions. Alexandre Millerand a combattu Keynes, et contrecarré Lloyd George, comme c'était son devoir, mais tout en entrant dans des vues assez voisines, au fond, de celles de ces deux gentlemen. A lui aussi quelques bonnes petites leçons de Maurras et de Bainville n'auraient pas été dommageables s'il n'avait craint, en les écoutant, d'écouter la voix de la réaction.

Des hommes qui font commencer l'histoire à la Révolution française (et Millerand est de ceux-là) sont naturellement portés à croire qu'il y a un rapport *moderne* de l'économie et de la politique, de celle-ci et de la finance. Rien n'est plus faux. Le rapport entre ces trois puissances, ou, si vous préférez, ces trois entités, est demeuré constant depuis l'antiquité la plus reculée. Au temps de Sylla, par exemple (je parle de ce que j'ai étudié), il y avait, à Rome, une finance internationale, au service de Mithridate, et qui jouait de la révolution. Cette finance livrait à la misère et à l'usure les anciens combattants. Elle s'opposait à une victoire réelle de Sylla et de Rome sur Mithridate. J'ai exposé, textes en mains, dans *Sylla et son destin*, comment l'illustre dictateur la réduisit à l'impuissance, après avoir anéanti la puissance de Mithridate, battu et contraint au suicide le général de guerre civile Fimbria. Au fond, à toutes les époques de l'histoire, les problèmes se posent de la même façon. Bossuet le savait (et comment !) mais Michelet, Henri Martin, Lavisse, etc. ne s'en doutaient pas. Millerand appartient à la formation et à la génération où l'on considérait Bossuet comme une éloquente baderne et Michelet comme un historien de génie. Il en est demeuré là, sur un autre plan que Clemenceau, avec beaucoup moins d'intuition et d'esprit, beaucoup moins d'énergie aussi, mais de la même façon statique que Clemenceau.

Drumont (qui était, lui, un homme d'un étrange génie, panaché de quelques préjugés de son temps, et d'une immense culture) a établi le rôle de la finance internationale, et donc juive, dans la société. Mais ce rôle tient surtout à la conception libérale et démocratique. Dans la conception autoritaire et ordonnée de la société, le pouvoir remet la finance à sa place par des moyens appropriés, auxquels aucun manieur d'argent n'a jamais résisté. La fortune mobilière est « anonyme et vagabonde », a dit, dans une formule immortelle, le duc d'Orléans. Ses détenteurs sont souvent vagabonds (du moins quand ils se déplacent) mais ils ne sont

pas anonymes, et le gendarme peut les saisir.
Rien n'est fort comme un financier en démo-
cratie-ploutocratie. Rien n'est faible et nu
comme un financier, dans un État normalement
constitué. C'est pourquoi une bonne politique
domine toujours, et de haut, l'économie politique et la finance, en dominant et vérifiant
(au besoin contraignant) les hommes qui représentent l'une et l'autre. Qu'est-ce qu'une bonne
politique? C'est une politique nationale et
vigoureuse. Mais il faut qu'elle soit continuée,
et donc qu'elle soit héréditaire. Maurras l'a
démontré *in æternum*. L'hérédité, le sang con-
génital, c'est le seul remède contre la prépon-
dérance exorbitante de l'or.

Échafaudez tous les systèmes, économiques
et financiers, de réparations, après une grande
guerre, que vous voudrez. Ils s'écrouleront,
comme châteaux de cartes, sans le couvert et
la protection d'une politique animatrice. Le
plus habile des industriels, ou des commis de
banque, serait un mauvais ambassadeur à
Berlin ou à Londres et un exécrable président
de Conseil. Loucheur ministre a été piteux et
comique, Laurent à Berlin a été lamentable.
En 1920, Millerand a réussi à refouler la marche
des Soviets contre la Pologne, en envoyant le
général Weygand à Varsovie. Cela, c'était de
la politique. Si, au lieu du général Weygand,
Millerand avait envoyé à Varsovie un spécia-

liste en pétrole ou en caoutchouc, le résultat n'eût pas été le même. Ces vérités sont tellement élémentaires qu'on rougit de les énoncer. Il faut être fol, comme un professeur d'université anglais ou américain, pour admettre que l'invention de la machine à tisser, ou des chemins de fer, a été plus importante, au point de vue politique, que les guerres de religion ou la querelle des Investitures par exemple. Les appétits et les convoitises, même déchaînés, sont moins redoutables que les idées, ou que les utopies, en mouvement; et leur virulence est infiniment moindre. On se bat pour sa peau, mais aussi et surtout — dirait Maritain — pour son transcendantaux. J'ai jugé Loucheur un vrai serin le jour où il a déclaré, à la tribune de la Chambre (quelques-uns trouvaient cela très fort!) que l'intérêt menait le monde. Exemple : les Croisades. C'était sans doute le commerce des oranges et des bananes qui déterminait ce grand mouvement!! Mais, au fond de toute puissante action humaine, il y a un besoin de croisade. Chez l'homme qui sait qu'il mourra un jour, le plaisir de mourir pour une grande cause est ce que l'on connaît de plus stimulant.

De ce « bateau » de l'Économique, primant et informant la Politique, ont découlé les expressions courantes et ridicules : une politique du pétrole, une politique du charbon, une politique de la laine, etc... Swift avait déjà imaginé la politique de l'œuf de poule. De même les imaginations impérialisto-démocratico-philoso-phiques de M. Seillière sont ingénieuses, mais forcées. Tous ces systèmes, plus ou moins natu-ristes, méconnaissent l'homme en général, et, en particulier, l'homme politique. C'est lui qui, ajustant les pièces de la machine, d'abord, rend possible, sans trop de heurts, la marche des États. Laissez-moi user d'un terme provençal et cru, mais pertinent : l'interprétation écono-mique de l'histoire, c'est une fameuse couillon-nade. Elle nous a fait perdre, à première vue, trois années importantes, irremplaçables quant à notre sécurité future : 1919, 1920, 1921, 1919 par l'erreur de Clemenceau; 1920, par l'erreur connexe de Millerand; 1921, par la canaillo-veulerie de Briand.

Deuxième « bateau », contraire à l'utilisation de la victoire : l'instauration d'une diplomatie nouvelle; les palabres directes entre chefs d'État. Keksekça, une diplomatie nouvelle? Serait-ce par hasard une diplomatie asservie ou désireuse de s'asservir à la finance? Mais cela aussi est vieux comme le monde. Si M. Lloyd George lisait ou méditait, au lieu de jouer au golf ou de parler à tort et à travers en riant, il le saurait. Quand les chefs nègres ont une contestation quelconque, ils s'efforcent de la régler à l'aide d'une discussion d'homme à homme, laquelle

souvent dégénère en dispute, puis en bataille.
Les diplomates (qui marquent un degré supérieur de civilisation) ont été inventés, précisément, pour servir de tampons entre les peuples
et leurs gouvernements et aplanir, autant que
possible, les difficultés. Bismarck définissait
la diplomatie un régime de truffes, de femmes
et de vins de Champagne. Cependant, il en usait
avec habileté et vigueur. Le système prétendu
moderne, consistant à mettre en présence et en
opposition, sans couches de coton interposées,
des intérêts d'État, des convoitises ou des appétits financiers et économiques, n'est qu'un
retour à la barbarie.

Cela s'est vu à Lympne, à Spa, à Boulogne,
sous le président du conseil Millerand; mieux
encore à Londres, à Paris, à Cannes, sous le
président du conseil Briand. Philippe Berthelot
menant ces messieurs et mené lui-même par
Lloyd George, dans le sillage anglais. J'ai encore
dans les oreilles les topos optimistes de ce brave
Millerand à chacun de ses retours et les applaudissements candides de la Chambre, confiante
dans le « chef » du Bloc National... Un chef aux
allures d'adjudant laborieux. Aucun député
ne comprenait goutte aux calculs compliqués
de milliards-or, qui allaient se réduisant chaque
jour, à mesure que se multipliaient les palabres
négroïdes. Mais tout le centre applaudissait
de confiance Millerand fier de sa « lourde tâche »,

sous sa moustache hérissée. Encore Millerand
donnait-il quelques vagues (oh! très vagues)
indications sur les graves entretiens qui s'étaient
tenus entre le chef des méthodistes et banquiers
de Londres (Sassoon Rothschild à la clé) et le
porte-parole des anglomanes de Paris. Avec
ce vieux lanterno-policier de Briand, ce fut
une autre affaire. L'homme, à la fois chevelu
et dépeigné, montait à la tribune, en veston
crasseux (on disait qu'il faisait noircir son linge
à Londres), et dégoisait des accords de violon-
celle, sans aucun rapport avec la question.
Jamais orateur ne s'est fiché de ses auditeurs
avec plus de désinvolture. Sacré roussin d'Aristide, va!

Nous n'étions guère, au début, qu'une quin-
zaine de députés à droite et une demi-douzaine
de députés au centre, auxquels il n'en imposait
pas. Les autres trouvaient ce supervide épatant
et délicieux, et battaient des mains comme au
lavoir. Un lavoir où les intérêts vitaux du pays
fichaient le camp dans la lessive de la *Banque
Industrielle de Chine*, patrimoine du sénateur
André Berthelot, frère du secrétaire général
des Affaires étrangères. On sait comment cela
finit.

Au début de la législature et jusqu'à la fin
du cabinet Briand (tombé, sous nos coups,
dans la nausée générale, mais malheureusement
sans sanctions), Loucheur, député du Nord,

entrepreneur entreprenant, et manieur d'argent heureux, passait pour capable, comme on dit, de « nous tirer de là ». De là, c'est-à-dire de l'embourbement républicain, de la stagnation et du dépérissement démocratiques. Loucheur fut une invention de Clemenceau, qui ne s'y connaît pas beaucoup mieux en hommes que Millerand. Gustave Geffroy et Mandel mis à part (Geffroy dans le domaine littéraire et Mandel sur le terrain de la politique parlementaire) il ne s'est guère entouré que de médiocrités. Ayant rencontré sur sa route un grand militaire (selon moi et beaucoup d'autres, génial), le général Mangin, il l'a laissé tomber comme il faut. Mangin était cependant l'homme qu'il fallait pour régler la question rhénane, question vitale quant à la sécurité de la France. Donc Loucheur fut ministre sous Clemenceau, puis lâcha Clemenceau comme un fifre, et redevint ministre sous Briand. On assure que Millerand, à un moment donné, faillit en faire un président du Conseil. Qu'est-ce donc que Loucheur?

C'est un homme intelligent quant aux affaires (puisqu'il y réussit) peu intelligent en politique et fermé aux réalités qui n'ont pas, pour objectif immédiat, l'argent. Il « se croit » comme on dit dans le Midi. Il est sans méchanceté, il peut être serviable, injuste aussi à l'occasion. Il vaut parfois dans le primesaut et ne vaut rien

dans la réflexion, qui est creuse. Il parle d'or,
c'est le cas de le dire, mais d'une voix blanche
et précipitée d'enfant qui mue. Il prend sa
veine pour le bonheur d'autrui et la contradic-
tion pour un manque d'égards. Il est arrivé à
point, le 16 novembre 1919, pour monter dans
ce bateau : « l'État, maison de commerce pour
laquelle il faut, avant tout, un administrateur ».
Or, l'État n'est pas une maison de commerce;
c'est un organisme puissant et complexe, qui
exige d'autres facultés que celles d'un administrateur, même hors pair. Chaque fois que
Loucheur a voulu intervenir dans une question
de politique étrangère (accords dits de Wies-
baden, avec feu Rathenau), ou d'enseignement
(discours sur les humanités), ou de politique
générale, il a été au-dessous du médiocre. Il
ne manque ni d'usages, ni de technique, ni d'entrain au labeur, ni même, je crois, d'une certaine
générosité à éclipses de grand patron optimiste;
mais il manque de méditation, de concentration
et de décision.

Du moins, c'est ainsi que je le juge, je crois,
en toute équité. Et puis, nous verrons bien. Il
a de l'ambition politique. Mais il manque d'habileté et de coup d'œil; et il louvoie entre les
clans, sous l'œil impitoyable de Georges Mandel.
Loucheur, c'est l'homme heureux, le joueur
heureux que guette la catastrophe. Il possède,
avec un facies de petit dogue rond aux yeux

ronds, et une voix blanche, faite pour la panique, des gestes de pilote improvisé. Gare au naufrage !

Au résumé, ce qui a empêché ces divers dirigeants français de comprendre et de saisir l'utilisation de la victoire, c'est leur formation intellectuelle (non modifiée, ou à peine modifiée, par les événements), c'est leur parlementarisation, et donc leur anglification mentale. Par là-dessus, est arrivé le bolchevisme russe qui a achevé de les affoler en les obligeant (sous peine de suicide) à combattre en Russie l'Évangile révolutionnaire, dont ils continuaient à réciter, en France, les versets rouges. Ils n'ont plus su où ils en étaient. Ils n'ont plus eu qu'une pensée : se cramponner à leur formulaire d'avant-guerre, en jetant le moins de lest possible. Poincaré lui-même, le plus patriote, le plus intelligent, et aussi le plus ouvert de l'équipe ancienne, a mis un point d'honneur à demeurer fidèle aux erreurs fondamentales de sa jeunesse et de son temps, aujourd'hui démenties par les faits. N'a-t-il pas un jour à la Chambre déclaré que, différente en cela de la Révolution russe, la Révolution française avait imaginé et créé la petite propriété ?. N'a-t-il donc pas lu les travaux sur l'alleu et le domaine allodial de Fustel de Coulanges et de Luchaire ? Ou plutôt si, il les a lus certainement ; mais il considérerait comme un sacrilège d'en faire état devant une assemblée républicaine. Car alors, se dit-il, où irions-nous?

Sur le terrain financier (qu'il était censé connaître à fond), Loucheur m'a semblé, à maintes reprises, singulièrement hésitant. Quoiqu'il soutienne aujourd'hui le contraire (et même de la tribune) il a incliné, à un moment donné, vers le périlleux bobard de l'inflation « indispensable » pour assurer les transactions monétaires. A cette époque-là, d'ailleurs, nous avons été bien prêts de faire le saut dans le gouffre, attendu que les socialistes des diverses internationales 1, 2 et 3 voyaient sans déplaisir une mesure anticapitaliste, qui n'est qu'une expropriation détournée. En effet, l'inflation a pour résultat immédiat de diminuer la valeur du billet de banque et sa puissance d'achat de tant pour cent. Elle dilue la valeur comme l'eau dilue le vin. Tous les amis du vin me comprendront. Si nous n'avons pas fait le saut dans le gouffre on le doit à Bainville et à Valois, qui, chacun dans sa sphère, le premier de politique pure, le second d'économie politique, ont démontré, archi-démontré, lumineusement exposé, les périls de l'inflation progressive et méthodique. Le fait allemand, la faillite allemande, sont venus corroborer leurs démonstrations. Cette double campagne, menée par Bainville et Valois, avec une ténacité et une lucidité merveilleuses, a évidemment impressionné le gouvernement français. De même que les articles de Maurras, sur l'héritage et la nécessité de ménager fiscalement les successions, avaient vivement frappé, en 1920, Charles Dumont, alors rapporteur général — et brillant rapporteur — du budget. Ici et là, les hommes d'Action française ont rendu au pays de fameux services, et le Gouvernement de la République s'est bien trouvé de les écouter. La seule récompense que nous souhaitions, c'est le renversement d'un régime avec lequel on ne sait jamais s'il ne va pas porter demain, tout à l'heure, un coup mortel à la nation.

Comme tous ceux qui sont privés d'une doctrine réelle et d'un plan ferme, et qui flottent au gré des vents, les républicains déifient ou fétichisent, tantôt la notion et tantôt la circonstance. C'est un spectacle divertissant. Aux yeux de Millerand, par exemple, l'alliance anglaise était devenue une sorte de dogme. Tout croulait, si nous ne l'avions plus. Je ne parle pas d'Aristide Briand, qui tremblait devant un ricanement de Lloyd George, ni du cher petit Louis Dubois, qui s'évanouissait lorsque rotait à la Commission des réparations, le très haut, puissant et apoplectique seigneur, Lord Bradbury.

Or, le vœu de la finance anglaise et du commerce anglais, c'était que la victoire *militaire* française fut comme si elle n'avait jamais existé... On voit d'ici les conséquences. Bien entendu, plus Clemenceau, Millerand, Loucheur, Louis Dubois, Briand le souteneur dépeigné, et Cie, niaient sous serment que nous eussions la moindre visée impérialiste (voir la formule du baron Seillière) et plus les dirigeants anglais faisaient clamer par tous leurs journaux, officiels et officieux, que nous voulions absorber et dévorer l'univers, et que Bonaparte était revenu parmi nous, sous les espèces de Raymond Poincaré. Seule, dans la presse, la voix de Maurras déclarait tranquillement : « Nous avons fait un pacte, loyalement tenu, avec l'Angleterre, pour le temps de la guerre. Maintenant, il y a des divergences. Eh bien, que chacun agisse de son côté; on se retrouvera forcément au moment du danger. » Car, avec l'aviation militaire, l'Allemagne (qui n'a rien oublié et n'oubliera rien) serait presque immédiatement aussi menaçante pour l'Angleterre que pour nous.

Il est mauvais de donner aux gens l'impression qu'on ne saurait se passer de leur assentiment. En 1920, Millerand s'étant décidé à occuper, d'ailleurs éphémèrement, Francfort, en raison de je ne sais plus quel manquement allemand, l'Angleterre fit les gros yeux, menaça de rompre. Aussitôt Millerand céda et rappela les troupes qui tenaient Francfort. Ce fut une gaffe. De ce renoncement rapide, le cabinet de Londres conclut à notre faiblesse générale et nous considéra désormais comme ligotés. Chaque fois qu'une divergence de vues se manifestait, il était fait allusion aux dettes interalliées et au péril financier que représenterait pour nous une demande soudaine de l'Angleterre d'avoir à lui payer ce que nous lui devions. Cette menace, qui manquait d'élégance, donnait la chair de poule à l'avocat d'affaires qu'est demeuré maître Millerand, et au marchand de cartes transparentes que n'a jamais cessé d'être Aristide Briand. Je pense d'ailleurs (et j'ai de bonnes raisons de penser) qu'elle était fortement grossie au quai d'Orsay, où l'Angleterre avait mis sa solide empreinte. Il fallut arriver au cabinet Poincaré pour qu'une conception plus digne de la France (et de la France victorieuse) prévalût. Six mois de plus, et c'était la tutelle, avec un petit franc bien sage, bien docile et bien « papier » tenu en laisse par l'arrogante livre.

Je n'oublierai jamais l'expression, à la fois mystérieuse et zozo, de la physionomie à la dérive d'Aristide Briand nous annonçant cette grande nouvelle : « La volonté de la finance internationale est quelque chose de grave, messieurs ; et de très important. » Il avait découvert ça le matin même, entre son pot de chambre et ses chaussettes sales, et il nous en faisait part illico. Loucheur, bombant le torse, hochait la tête : « De très important. » Au banc des com-

missaïres du gouvernement, Théodore Tissier
(factotum d'Aristide, et quel *totum!*), dit
« Tissier-fonds-secrets », plissait davantage son
visage de croupier morne. Assis sur un pet très
précieux, Laurent Bonnevay ouvrait, cette fois,
la bouche dans sa face rougeaude à favoris :
« De très important. » On voyait au-dessus de
Briand, dans l'attitude des « donateurs » de
l'école de Bruges, d'une part Sassoon Rothschild,
de l'autre Horace Finaly, également « très importants », maîtres d'eux-mêmes comme de l'univers.

Mais la pierre de touche des progrès de notre
subordination à l'Angleterre (qui tournait décidément au vasselage) ce fut la honteuse conduite
du cabinet Briand au moment (juillet 1921)
de l'assassinat en Haute-Silésie du commandant Montalègre. Ce crime, éminemment boche,
et qui a la signature boche (au même titre que
le meurtre germano-policier de notre héroïque
ami Plateau à Paris, le 22 janvier 1923), fit
chez nous une profonde impression. L'Allemagne nous manifestait son ressentiment, avec
sa volonté de revanche. Il y avait, dans ce
meurtre, de la haine et du mépris. Au lieu d'agir
avec la vigueur que montra, par exemple,
M. Mussolini, dans les récentes affaires de
Janina, le mémorable jouet de Philippe Berthelot et de Lloyd George (je veux dire le
sinistre Briand), lanterna, — c'est le cas de le

dire ! — fit instituer une commission d'enquête, laissa porter l'affaire devant un tribunal inter-allié (!)..., si bien que, finalement, le meur-trier, simple instrument de la police prussienne, échappa à la condamnation à mort, fut con-damné simplement à la prison, d'où il s'échappa quelque temps après. Réédition de l'affaire du Zappeion (Aristide étant ministre), de nos marins massacrés par la trahison de Constantin, et non vengés, grâce à l'intervention de Georges de Grèce, ami personnel de Briand.

Interpellant, en octobre suivant, sur l'affaire Montalègre (la réponse de Briand fut naturel-lement piteuse), j'en signalai à la Chambre toute la gravité. Ce n'était plus la non-utilisa-tion, c'était l'abdication de la victoire. Ce flé-chissement inconcevable (et derrière lequel il y avait aussi la mauvaise volonté anglaise) allait être interprété, dans toute l'Allemagne et dans le monde, comme la rupture de notre ressort national. C'est ce qui serait arrivé, en effet, si, à huit semaines de mon intervention (qui avait porté sur la majorité, cependant bien veule, de la Chambre), la Conférence anglo-allemande de Cannes et la perspective de la Conférence anglo-bolcheviste de Gênes n'avaient fait déborder la coupe du dégoût.

Les choses de la politique sont toujours logi-quement enchaînées, et plus l'événement s'ag-grave et se presse, plus leur rigueur est exemplaire.

En 1921, dupant la Chambre du Bloc national
(légèrement obtuse, comme son chef Millerand),
le vieux policier Aristide Briand a fait, au
dehors comme au dedans, de la politique *de
gauche*, c'est-à-dire de la politique anglo-allemande. Je ne parle pas du loquace et aimable
Leygues, dont l'intérim a été inexistant, simple
toile d'entr'acte au Châtelet, en attendant la
véritable plantation du vrai décor.

Si le mouvement avait continué, la France
se serait réveillée dans une position intermé-
diaire entre celle de juillet 1914 et celle d'avril
1917.

Chapitre IV

LE GRAND DÉMÉNAGEMENT DES IDÉES

On commence à s'en apercevoir : Sur tous les plans de la connaissance et de la réflexion, la guerre de 1914-1918 aura été d'abord pour les combattants, puis, par endosmose, pour l'arrière, et principalement dans les pays latins un immense déménagement des idées, des notions et des sentiments. Elle n'a pas modifié les instincts; mais elle a amplifié, par un mécanisme aujourd'hui connu, le plus puissant de tous et le plus dangereux, parce qu'il relève de la nature : l'instinct sexuel. Elle a remis en cause cette hiérarchie intérieure, oubliée par la philosophie aberrante du xixe siècle, et du début du xxe siècle, et dont, seuls à cette époque, les théologiens, puis Maurras, semblent s'être préoccupés. D'une façon générale, on peut dire que l'immense tuerie a replié l'homme sur lui-même et l'a contraint à une sorte de revision générale de ses possibilités et de ses impossibilités, à un examen plus attentif de sa condition ici-bas.

Ce bouleversement ne s'est pas manifesté sur un mode immédiat, ni brusque. Il s'est opéré avec lenteur, de telle façon que beaucoup de nos légers contemporains ont pu le nier, ou s'imaginer qu'il n'existait pas. Il en a été de ce déplacement des préséances, des valeurs et des positions idéales et sentimentales, comme de ces changements, profonds et sourds, qui s'opèrent dans les couches géologiques, sous l'action de l'eau. L'eau, ici, était remplacée par le sang. L'élite de caractère et de tempérament, qui a échappé au massacre, en a conservé la commotion avec une sorte de piété. La demi-élite (catégorie fort nombreuse) a été amenée à examiner les dogmes, ou poncifs politiques et philosophiques, que l'État prétendait, depuis cent trente ans, lui imposer. Les primaires et les esprits incultes ont reçu des lueurs soudaines et durables. Seuls quelques fossiles racornis n'ont pas bougé, et ont affirmé que rien n'avait bougé, ni ne devait bouger autour d'eux. C'est ainsi qu'il y a eu un sursaut très marqué dans le domaine de la sincérité brutale, dans le mépris des conventions et des lisières académiques ou mondaines, qui affadissaient la société d'avant guerre. On a vu le néant de ces hommes en place, de ces ministres, de ces hauts fonctionnaires, de ces faux savants, de ces tartuffes d'Académie et d'Institut, qui pullulaient, et l'on a osé se ficher d'eux. Ils pullulent encore, mais on se fiche d'eux ouvertement et dans leurs propres maisons. Exemple : quand une injuste cabale de salons antifrançais et de conservateurs ramollis genre Doumic (qui sont les plus plats des lèche-pieds) a préféré, pour l'Académie, Jonnart à Maurras, la nullité en bâton au génie, une immense huée s'est élevée, de la France instruite et cultivée, une huée qui dure encore. Cela ne s'était pas produit avant 1914, où un effroyable crétin, comme Aicard, était entré, sans que nul protestât, sous la Coupole, Frédéric Mistral, plagié par Aicard, restant dehors.

Autre exemple : quand le vieux policier Aristide Briand s'est effondré en revenant de Cannes, à la Chambre, en 1921, il a quitté le pouvoir sous le déferlement du mépris de tous ses collègues patriotes. Les sifflets, les invectives alternaient avec le cri de «en Haute-Cour»! Circonstance que les feuilles officieuses ont cachée pudiquement à leurs lecteurs. On n'imagine pas un tel traitement appliqué à cette larve, en 1912 ou en 1913. Quand, à cette époque, et avant, un chien de démocratie, un Combes, un Rouvier, était renversé, c'était sur un coussin rembourré et sans coup de pied au derrière. Exception faite pour le général André, dit André des fiches, giflé en 1904 par l'héroïque Syveton. Mais Syveton fut blâmé et lâché par presque tous ses amis et partisans. Nous avons fait du

chemin depuis lors. Nous en ferons encore beaucoup plus. Il n'y a plus guère que les officiers
supérieurs qui se laissent, après leur victoire,
brimer, ici et là, par des parlementaires, ou par
des préfets. En quoi, d'ailleurs, ils ont rudement
tort. La popularité, de nos jours, va immédiatement à celui qui ne se laisse pas faire. Quand les
Camelots du Roi, bons gendarmes supplémen-
taires, accomplissent, dans l'intérêt national, et
avec une modération admirable, quelqu'un de
ces exploits qui les ont rendus légendaires, ils
voient, après un léger moment de houle (celui
qui suit, chez nous, toute action quelle qu'elle
soit), l'opinion se retourner en leur faveur, parfois même les devancer.

Avant la guerre, c'était un dicton que la pensée
et l'action étaient antinomiques, qu'un penseur
ne devait jamais descendre dans la rue, pour y
conspuer les canailles, ou y faire le coup de
poing. Cette prétendue antinomie datait du
romantisme et de Victor Hugo, dont la lâcheté
physique était proverbiale et qui avait imaginé
les deux rôles, bien distincts, du meneur sans
risques et de menés qui se font trouer la peau :
« L'enfant avait reçu deux balles dans la tête. »
La violence pouvait et devait être prêchée par
les doctrinaires de la démocratie, ainsi que
l'insurrection; mais étaient seuls astreints au
plus sacré des devoirs les bons bougres de la
foule anonyme. La divinisation de l'émeute et

de l'assassinat allait de pair avec l'immunité personnelle de ses prédicants. « Tu peux tuer cet homme avec tranquillité. » Maintenant, une pareille distinction est devenue impossible, et le mépris qui environne les chefs socialistes tient à ceci qu'en aucune circonstance, ils ne paient de leur personne. Delescluze n'a pas fait d'adeptes, ni Rossel. Jaurès a bien rencontré la mort violente, mais par hasard; et cette circonstance tragique, qui l'honore (sans excuser son œuvre) fut indépendante de sa volonté. La guerre a mené à cette conception que le chef intellectuel et moral doit, à certains tournants décisifs, s'exposer comme les camarades.

Avant la guerre, et depuis longtemps, les révolutionnaires avaient le monopole envié de la mauvaise éducation et de la truculence. Ils disaient, tout à trac, ce qui leur passait par la tête, et démolissaient, à coups de trique ou à force de grossièretés, les fragiles remparts oratoires d'un de Mun par exemple. On ne répond pas à des injures, ou à des coups par des arguments académiques, mais bien par de pires injures et par des coups, plus rudement assénés. Je me rappellerai toute ma vie la stupeur comique des 78 révolutionnaires et avale-tout-cru que nous avaient délégués les bonnes élections du 16 novembre 1919, quand, dès la première séance, les députés de droite leur secouèrent leurs puces rouges comme il faut. Ces vieilles

« terreurs » n'en revenaient pas. Bien entendu, les respectables collègues du centre désavouèrent grandement ces mauvaises manières, qui rompaient avec la tradition du milieu, où, depuis plus de vingt ans, la gauche tapait et la droite encaissait. Mais nous nous rîmes de leurs remontrances; nous nous entêtâmes dans notre tactique. Au bout de trois mois, nous étions les maîtres de l'assemblée, en ce sens qu'aux vociférations des ex-effrayants, et à leurs menaces, nous opposâmes des vociférations et des menaces pires, sans compter les blagues et nasardes. Rassurez-vous, d'ailleurs : un drame véritable est très rare au sein des assemblées, autant qu'un poulet réel, en chair et en os, au théâtre. Les tueries parlementaires sont factices, heureusement. Ce sont là batailles de poupées.

Avant la guerre, il était de règle que le bourgeois fît dans sa culotte, aussitôt que le prolétaire (ou son représentant) haussait le ton. Mais il arriva, pendant la guerre, que le bourgeois exposât sa peau à la mort violente et aux intempéries, plus fréquemment que l'ouvrier, affecté (besogne d'ailleurs très utile) à la fabrication des munitions. Ce fait, petit en apparence, changeait, en réalité, les données morales du problème social, qui repose sur l'appréhension et la couardise habituelles aux choses possédantes. La contre-révolution eut ainsi à son service des légions beaucoup plus redoutables et entraînées que celles, inexistantes, de la révolution. Jaurès, déjà nommé, avait eu l'intuition de cette transformation, dans un article où il conseillait, à ses adeptes, la prudence. C'est une des rares pages de cet infortuné où apparaisse une lueur de bon sens.

La peur des coups constituait, avant la guerre, toute la tactique du libéralisme, en présence de ce qu'on appelait « la révolution montante ». Aussi les politiciens malins avaient-ils imaginé (même bourgeoisants, comme Jaurès et Millerand, par exemple) de se mettre à l'avant-garde des effrayants, afin de conquérir les suffrages des effrayés, mâtinés de Gribouilles, qui voyaient en eux des régulateurs et des freins. Né et grandi dans un hôtel meublé, Briand, à peine entré dans la police politique par le chemin de l'outrage public à la pudeur (affaire du pré de Toutes-Aides à Saint-Nazaire), entrevit aussitôt le parti à tirer de cette frousse chronique et sut en extraire des jus merveilleux : notamment le portefeuille de l'Instruction publique (ô rigolade inouïe !) et celui de la Justice ! Il fallait le voir, au foyer de la Comédie-Française, entouré d'une cour d'actrices et de salonnards, émettant, d'une voix de basse chantante, des aphorismes définitifs : « Le progrès est en marche, et rien ne l'arrêtera... La démocratie est comme Saturne, elle dévore ses enfants », et autres fariboles du même ordre, que les belles petites et les vieux beaux approuvaient gravement. Ainsi refaisait-il le « salon » de ses pères.

Il y eut, pendant de longues années, à la Préfecture de police de Paris (il est retraité aujourd'hui au dépotoir académique des Sciences Morales), un vieux farceur, du nom de Louis Lépine : petit homme maigre, sec, barbichu, plat avec les impuissants qui exerçaient la puissance à. cette époque, il jouait comme personne de la frousse bourgeoise de l'anarchie et de la Révolution. En 1907, il avait organisé, de concert avec Clemenceau (ministre de l'Intérieur pour la première fois, et toujours porté à se croire en 1792), une mise en scène de Croque-Bourgeois, où 30.000 hommes de troupes étaient mobilisés à Paris seulement. Lépine avait su en imposer jusqu'à Drumont, qui cependant était un sceptique et avait le sens de l'ironie ; il abusa de la situation et du crédit que lui faisaient les « gens bien » pour inonder et assommer les catholiques, jeunes gens et jeunes femmes, aux Inventaires, sur les parvis de Sainte-Clotilde et du Gros-Caillou.

Ces temps sont loin. Les vigoureux gaillards qui ont affronté le feu des Boches dans les tranchées et les assauts, pendant quatre ans, qui ont supporté les privations et les misères de toutes sortes, qui ont vécu de compagnie, sinon de connivence, avec la mort, la douleur, les misères de toutes sortes, ces hommes-là se fichent pas mal des menaces socialistes, de la « mêlée sociale », du « Grand Pan » de l'ancien Clemenceau, et du « Populo » de Vallès et de Mme Séverine. Un seul d'entre eux vaut mille braillards de réunion publique. Cette classe bourgeoise qui, selon le dogme révolutionnaire, devait céder la place au prolétariat, a contracté alliance avec la paysannerie, dont elle est issue, s'est retrempée à son contact, et est devenue exceptionnellement entreprenante et vigoureuse. Pour la première fois, d'ailleurs, depuis un siècle, et grâce à Maurras et aux leçons de la guerre (celles-ci rapprochées de l'enseignement de celui-là), la jeune bourgeoisie s'est ouverte aux idées réactionnaires de salut public et donnée, entièrement, à la réaction.

A ceci, une objection : les combattants dorment. Ceux qui manquaient de presque tout, et continuent à manquer de presque tout, n'ont osé demander aux Pouvoirs publics, si faibles, ni exiger d'eux (après tant de sacrifices consentis !) ni terre arable, ni argent, ni même emplois. Ils se sont contentés de leurs maigres pensions. Répartis en petits groupes et groupements, commandés à moitié, ou pas commandés du tout, abreuvés de bobards, par les dirigeants et les politiciens républicains, les anciens combattants se sont égrenés, dispersés, annihilés eux-mêmes et n'ont même pas su réclamer les donations que notre seul homme d'État, Maur-

ras, réclamait pour eux. Ils ont cru, on leur a
persuadé, qu'il était plus noble d'avoir combattu pour l'honneur et de crever de faim. Alors
que l'un n'empêchait pas l'autre. Il est bien
d'honorer le soldat inconnu et de mettre une
lampe vigilante sur sa tombe et sous l'Arc de
Triomphe. Mais il serait encore mieux de ne pas
laisser périr de misère des soldats connus. Le
symbole le plus émouvant ne vaut, en ces
matières, qu'étayé sur une solide réalité.

Donc les combattants dorment; et on sait
que les grandes dépenses de force, et les déceptions consécutives, poussent, en général, au
sommeil. Seulement ce sommeil n'est pas constant, ni uniforme. Il y a les périodes de réveil;
et de ces périodes peuvent naître des secousses
heureuses, ou déplorables, selon qu'elles portent
pierre à l'ordre et à l'autorité (à la réaction)
ou au désordre et à la confusion révolutionnaire.
Cela dépend essentiellement de l'ambiance. En
Russie, pays fort arriéré, et où la police politique (qui déclencha *toujours* les mouvements de
foule) était dans les mêmes dispositions que la
police politique de Louis XVI, le mouvement
s'est fait dans le sens de l'anarchie, rapidement
codifiée à la Tamerlan, sous le nom de dictature
du prolétariat. Un mot absurde pour une chose
inepte. En France, la police politique est bien
demeurée allemande et révolutionnaire, au moins
dans ses chefs, comme elle l'était en 1913; mais

l'ambiance est toute différente et les ferments
d'agitation rencontrent devant eux une résistance, puis une contre-attaque, dont on n'avait
aucune idée avant la guerre. Pendant ces quatre
années de tension extrême, la nécessité de la
discipline et celle de la hiérarchie sont apparues.
Tout d'abord, le régime républicain en a béné-
ficié; mais dans la mesure où il modifiait ses
formules en politique extérieure par la bouche
des Clemenceau, des Millerand et des Poincaré.
Bon gré mal gré, il faut bien répudier les principes qui sont à la base de la démocratie et
notamment les insanes Droits de l'homme et du
citoyen. C'est en les abandonnant, ou en les
tournant, qu'on laisse dormir ou somnoler l'ancien combattant. On abuse de son ignorance
ancestrale, aussi de son éloignement des affaires
politiques entre 1914 et 1918. Quelle ruade quand
il connaîtra la vérité, qui est que la République
a laissé venir la guerre, qu'elle pouvait empêcher, et cela parce qu'une vieille affinité a existé,
de tous temps, entre la République et la Prusse !

A l'heure où j'écris (et qui sera peut-être
dépassée, et de loin, quand ces lignes paraîtront
imprimées), nous sommes encore dans les remous,
après le passage du fléau. Nous gisons dans les
alternatives de somnolence et d'inquiétude, de
demi-éveil et de rassérénement, d'acceptation,
de résignation, de colère et de sursauts, qui
marquent la suite des tempêtes nationales et

sociales. Mais quoi qu'il arrive, soit que la paix
se prolonge au milieu d'alertes, soit que la lutte
reprenne bientôt sans merci, il s'opérera un
reclassement total des énergies, engourdies puis
désengourdies, et des notions menant ces énergies. Ce reclassement est déjà commencé, manifestement dans le sens que j'indique, en contre-
pied de toutes les sottises et folies de ce régime,
dont la responsabilité malfaisante apparaît peu
à peu par soubresauts.

Avant la guerre, le suffrage universel (qui
consiste à substituer le nombre à la raison, c'est-
à-dire la matière, ou la nature, à l'homme) était
justement considéré, par beaucoup de Français, comme une absurdité. D'où, lors des
élections, des abstentionnistes nombreux. Mais
aujourd'hui la masse des abstentionnistes a
encore augmenté, cependant que, par un balancé
comique, beaucoup de femmes demandent à
voter comme les hommes. Après tout, pourquoi
pas? L'aberration politique fonctionnant d'après
la loi, elle gagnerait peut-être à devenir, au
moins, une aberration équitable et bisexuelle.
Des gribouilles réclament l'aberration (c'est-à-
dire le vote) obligatoire. La vérité est, — et la
guerre de 1914-1918 a mis cette vérité au plein
jour, — que la politique générale, et notamment
la politique extérieure, d'un grand pays comme
le nôtre, échappe totalement à la connaissance,
et même à la notion, des neuf dixièmes des

votants. Par le suffrage universel, par la surenchère qui est la loi même de l'élection (Maurras l'a démontré cent fois, et les faits le démontrent chaque jour) l'intérêt national est submergé par l'intérêt des clans et partis qui s'entredéchirent. Le vaisseau de l'État, en dépit de son pilote, ou avec la complicité de son pilote, va ainsi donner sur l'écueil, par la faute de la substitution du nombre à la raison, du flot mouvant à la stable logique. Tout ceci est aujourd'hui dûment constaté. Les politiciens n'en continuent pas moins (sur des pyramides de cadavres) à proclamer le bienfait et la beauté du suffrage meurtrier de l'incompétence.

La monarchie française ayant été le seul régime qui n'ait pas fait de grande guerre continentale, pendant le cours du XIXe siècle (alors que la Révolution et les deux Empires, issus d'elle, s'en étaient donné à cœur joie) il était de règle d'affirmer à la tribune, et lors des élections, avant août 1914, que la République, c'était la paix. Les gens n'y regardaient pas de si près, et la digestion, par l'Allemagne prussifiée, de sa victoire de 70, les entretenait dans cette erreur par oubli. Mais, quand le coup de foudre éclata (en pleine possession du pouvoir en France par les amis radicaux de l'Allemagne) il fallut bien trouver un nouveau mensonge. Ce fut l'origine de « la dernière des guerres », guerre « des démocraties et du Droit » abat-

tant les derniers trônes encore debout. La
Belgique avait un Roi. L'Angleterre avait un
Roi. L'Italie avait un Roi. Mais tout cela était
sans importance, aux yeux de cet étonnant
logicien dont la tête n'est malheureusement pas
comestible, et qui a mérité, devant l'histoire, le
surnom de Viviani-le-Veau. Qui ne voit d'ailleurs
que la Révolution et la Démocratie (en substi-
tuant la nature à l'homme dans le domaine
politique) multiplient les chances de guerre à
l'infini? La Révolution russe nous montre, une
fois de plus, le mécanisme de cette manie belliqueuse quand elle déclare qu'il faut aux Soviets,
pour lutter contre les forces capitalistes dans le
monde, des armées nombreuses et organisées.
C'était, il y a cent trente ans, le raisonnement
du Comité de salut public. On sait où il nous a
menés.

L'essai de divinisation de la Révolution française, qui marque d'une empreinte ineffaçable
l'enseignement primaire et supérieur de la
République, s'est trouvé étrangement contrecarré par la misère intellectuelle, et la misère
tout court de la Révolution russe, copie de la
nôtre. De 1918 à l'heure où nous sommes, les
gouvernants français se sont trouvés, vis-à-vis
de la République des Soviets, dans la dure
nécessité de désavouer et de combattre tout ce
dont ils faisaient en somme l'apologie depuis
un demi-siècle. Pendant que Clemenceau nous

expliquait, d'un geste rond, à la tribune, comment il allait dresser un « barbelé » autour de Lénine et de Trotsky, je me rappelais, trente-cinq ans auparavant, l'apologie de la Terreur, à l'ouverture du cours d'Aulard, salle Gerson, place de la Sorbonne, par le même Clemenceau. A cette époque, l'inconséquent vieillard reprochait à Taine la peinture « partiale » de ses « crocodiles ». Il affirmait que la Révolution française était un bloc. Un bloc d'insanités suicidaires et meurtrières, c'est parfaitement exact. Cependant, en décembre 1919, il tenait, au sujet de Lénine et de Trotsky, le même langage que Taine au sujet de Danton et de Robespierre. Juste retour...

Prenant la suite de Clemenceau, Millerand ne pouvait point ne pas maudire, ni menacer, à son tour, le bolchevisme, théoriquement et pratiquement. Lorsque nous lui fîmes remarquer à la Chambre, avec politesse que le bolchevisme, en effet haïssable, rappelait étrangement le jacobinisme, il demeura coi et contempla ironiquement ses chaussures. Trop de textes extravagants, signés de lui jadis, à *la Petite République* et ailleurs, se présentaient en foule à la mémoire, pour qu'il insistât. Avec Poincaré, érudit et fin, les choses ne se passèrent pas de la même façon. Ce Lorrain subtil nous objecta que le grand, l'incontestable bienfait de la Révolution française avait consisté à créer chez nous la

petite propriété bourgeoise et paysanne; alors
que, seule, la grande propriété aurait existé et
fonctionné, selon lui, avant la secousse de
1789-1794 ! Poincaré ne tenait pas compte du
rôle de l'alleu, si bien mis en valeur cependant
par Fustel et par Luchaire; et, d'une simple
négation, il supprimait l'existence du domaine
allodial, dont la réalité et l'utilité ne sont
cependant pas douteuses. Jusqu'où la passion
politique ne mènerait-elle pas un esprit, cependant ordonné et clair !

Il faut avoir vécu dans les milieux politiques,
antérieurs à la guerre, pour se rappeler les
ménagements incroyables que même des écrivains réactionnaires comme Drumont obser-
vaient, en paroles et en écrits, vis-à-vis de cet
énorme amas d'erreurs et d'infamies que fut
la Révolution française. Drumont, par ailleurs,
si clairvoyant et si libre d'esprit, n'avait-il pas
donné dans le fameux godant (réfuté *in æternum*
par Fustel) si faux et si dangereux des deux
Gaules à l'origine de la nation française? La
Gaule celtique et gallo-romaine, ou vraiment
gauloise, celles des envahis et des esclavagés,
donnant naissance au prolétariat ouvrier et
paysan; la Gaule franque, celle des envahis-
seurs et des esclavageant donnant naissance
à la noblesse et aux seigneurs féodaux. Thèse
aussi redoutable que fausse; thèse de guerre
civile, a dit justement Maurras, et qui fait de

la Révolution un immense et légitime effort
pour la délivrance des opprimés. Chaque fois
que, dans une discussion amicale, j'essayais de
démontrer à Drumont la nocivité de cette sup-
position gratuite, et qui ne s'appuie ni sur un
texte, ni sur un fait quelconque, il me répondait,
avec un bon sourire : « Mon ami, la question est
jugée. » Au fond, les hommes de sa génération,
même les meilleurs, accordaient l'essentiel à
leurs adversaires; puis s'étonnaient, illogique-
ment, d'être vaincus par eux.

Depuis la guerre (et grâce à Maurras, là
comme ailleurs, flambeau du vrai) la thèse
ennemie de notre histoire a été convaincue de
mensonge. La féodalité était un abri, nécessité
par les invasions et les incursions des Barbares,
et qui permettait aux populations agricoles de
travailler dans des alarmes restreintes, sans
être périodiquement envahies et dépouillées.
Les féodaux d'origine gallo-romaine étaient au
moins aussi nombreux que les autres, et la doctrine pernicieuse des deux races en lutte, à
l'intérieur de la nation française, ne reposait
absolument sur rien. Mais quelle aubaine que
cette théorie pour l'envahisseur héréditaire (trop
réel celui-là) qu'est l'Allemand !

Le confusionnisme inhérent aux partisans et
doctrinaires de la démocratie et de la Révolution (comme si l'on pouvait être partisan du
chaos) les a toujours poussés à dépersonnaliser

l'histoire, à représenter celle-ci comme une suite de convulsions sociales anonymes, où le chef d'État n'est qu'une étiquette. Ce messianisme en travesti fut celui de Michelet, notamment dans son *Histoire de France*, dans son *Histoire de la Révolution*, et dans sa *Bible de l'Humanité*. Le luthéranisme et le criticisme allemand ont toujours abondé dans le même sens, et l'érudition allemande est allée, on le sait, avec Wolff et ses congénères, jusqu'à dépersonnaliser la haute poésie homérique. Il y a là comme un besoin de ravaler l'éminente dignité humaine, au bénéfice des forces obscures et incontrôlables de la nature. De ce même sentiment, hostile à ce qui est personnel et spontané, ou volontairement conçu, émanent les travaux récents sur une prétendue psychologie des foules, suppléant la psychologie tout court. Cette tendance ne va pas d'ailleurs sans une sorte de vénération comique vis-à-vis de ce qui est collectif et qui, comme tel, aurait toujours raison. Jaurès et Zola (imaginations similaires et d'un même tiroir du faux, ou de l'invrai, sur tous les plans) voyaient, dans la Révolution, une sorte de va-et-vient, sacré et vengeur, des foules révolutionnaires, dont les terroristes étaient l'expression. Cela rejoignait la conception Hugo-Michelet.

Pendant les trois premières années de la guerre, on remarque, chez les dirigeants républicains, eux-mèmes dirigés par leurs subalternes électoraux, le désir très vif de se conformer à cette conception. Selon eux, la foule anonyme des soldats français, soulevée par le mysticisme démocratique, insuffle à ses chefs la volonté de vaincre. Il n'y a, à l'origine de la victoire, aucun dessein. préalable, stratégique, ni tactique. A la « ruée ennemie », comme l'on dit, et en attendant le « rouleau compresseur » russe, s'oppose le souffle invincible de *la Marseillaise*. Poète officiel autant que niais, Rostand met en vers cette forgerie burlesque. En conséquence, aucun chef n'est nommé dans le communiqué, et on dirait que, du côté français, se battent des troupeaux sans pasteur. Il leur suffit de chanter « aux armes citoyens » pour l'emporter immédiatement. Bobard analogue à celui propagé par Victor Hugo, et le groupe du *Rappel* en 1870-71, dans des affiches où il était dit : « Peuple de France, lève-toi et souffle sur les Prussiens. Ils ne résisteront ni à ton élan, ni à tes idées... »

Cependant à l'armée (où le chef était tout, à tous les degrés de la hiérarchie) ces billevesées faisaient rire, et, depuis la paix, elles n'ont pas cessé de faire rire. Chacun sait en France, aujourd'hui que, pour réussir et pour vaincre, il faut une autorité, une dure discipline, une hiérarchie des commandements, des chefs, et un chef. Là où le chef flanchait, la troupe ne tenait pas. Là où il résistait, elle résistait. Dans la guerre, comme dans la paix, tout ce qui est sans direction, tout ce qui est amorphe et inorganisé, tout ce qui nie le commandement et le refuse, ou l'ignore, aboutit au désarroi, à la pagaille, à la panique, à la servitude, à l'esclavage. Pour tenir, il faut obéir; et obéir à des personnes déterminées, ayant les capacités nécessaires, exigeant des sacrifices, mais des sacrifices utiles. Grande leçon, dont les ondes n'ont pas fini de se propager parmi nous, et qui modifie déjà l'architecture morale de la nation... qui la modifie dans un sens salutaire.

C'est ainsi que, sur des points décisifs, le socialisme ou collectivisme révolutionnaire a reçu, de la rude et logique réalité, des coups dont il ne se relèvera pas. C'est une remarque saisissante de Georges Valois que Karl Marx, dans son fameux ouvrage, ne fait aucune part à cette force, génératrice de forces, qui s'appelle l'intelligence. Mais l'intelligence s'est cruellement vengée d'un tel oubli. Le marxisme apparaît aujourd'hui, après l'épreuve, comme le plus rapide ferment d'abêtissement et de dissolution d'un peuple. Ce théoricien juif avait sans doute en lui une énergie trouble de persuasion; il exerçait un étrange pithiatisme. Mais, à l'épreuve, quel malfaisant crétin ! Et j'en dirai presque autant de celui qui, à l'autre pôle, joua le rôle d'agitateur germanique, et dont la vogue, en France, fut si grande, entre 1900 et 1914..., Frédéric Nietzsche. La conception de Nietzsche, avec son renversement de toutes les valeurs, est aussi homicide et inhabitable que celle de Karl Marx. La seconde oubliait l'esprit, nourriture interne de tout système viable. La première supprimait la pitié, sans laquelle les humains sont comparables à une précieuse verrerie dans une caisse d'emballage, cahotée et privée d'ouate intercalaire, de tout amortisseur de chocs. Avez-vous remarqué que tout ce qui vient d'Allemagne chez nous, et de là en Europe (Gœthe excepté) se caractérise par la négation brutale d'une pièce essentielle de la personne humaine? D'où apparence d'originalité.

Je définirai volontiers les cahots de la jobarderie française depuis cent trente ans : une perte progressive, et outrecuidante, de ce qui constitue le bon sens. Mais attention : ce bon sens est à l'homme ce que l'écaille est à la tortue : une protection indispensable. Sans le bon sens, la personnalité humaine est exposée à toutes les misères, à tous les accidents, à la mort prématurée, au gâtisme précoce. Or, le bon sens est contagieux, et l'absence de bon sens aussi. Mais il est infiniment plus difficile de reconquérir le bon sens perdu que de le perdre.

Je remarque que depuis la guerre (au cours de laquelle la sauvegarde du bon sens est apparue) les hommes de jugement et de coup d'œil sont mieux appréciés et plus suivis qu'ils ne l'étaient auparavant. Beaucoup se sont rendu compte de leur utilité « pratique ». En 1913, les imbéciles qui traitaient Maurras de théoricien (alors qu'il est un restaurateur du jugement, et donc un homme qui, écouté, assure le salut des autres) ont diminué de nombre ; et le peu qu'il en reste a perdu tout crédit. Le premier point de l'enseignement de Maurras est qu'il y a une hiérarchie dans les idées et dans les principes, et que quiconque la méconnaît s'expose et expose les autres aux pires déboires. Pour découvrir cette hiérarchie, l'introspection est indispensable, et donc la méditation. La guerre de tranchées a été éminemment favorable à l'éclosion et au mûrissement des méditatifs.

Mais elle a été également favorable à cette rêverie sexuelle et abstinente, qui lutte pour la nature contre l'homme et assaille sournoisement le jugement, la raison, et aussi, à un niveau inférieur, la jugeotte. Des millions de vigoureux gaillards en pleine force, exposés sans cesse au risque de mort (qui est un aiguillon pour Vénus) ont été privés de femmes, sauf pendant les périodes de congé, ou de convalescence, pendant quatre ans. C'est là un état physiologique anormal, quand il n'est pas compensé, d'autre côté, par des échappées mystiques, ni contenu par une discipline, claustrale et volontaire, très forte. J'estime que ce désiquilibre physiologique a été pour beaucoup dans la perturbation mentale, qui a suivi immédiatement la cessation des hostilités, et qui s'est prolongée, de 1918 à 1921, sous toutes les formes de la débauche. Sans qu'il soit nécessaire de s'appesantir sur ce côté de la question, on peut et on doit noter la multiplication des divorces, dans des proportions inquiétantes pour l'avenir de la population, et celle, connexe, des maisons de rendez-vous, dans les grandes villes, et des spectacles licencieux. Mais ceci n'est qu'un aspect du problème. Nous savons, en effet, aujourd'hui, que le mécontentement, ou l'angoisse d'ordre sexuel, affectent, avec le domaine sensible, le domaine intellectuel, et poussent au désordre et à l'aberration de l'esprit. Les agitations et *ægrisomnia* de Vénus vont troubler Minerve jusqu'en ses profondeurs; et ce trouble se transmet ensuite par l'hérédité.

Quand des courants opposés, comme celui du jugement et celui de l'instinct génésique, sont augmentés, à la fois et brusquement, dans l'homme, ils composent en une série d'alternatives, comparable à celles de la maladie et de la santé. Il s'établit une sorte de rotation entre ce qui lutte (la raison) et ce qui s'abandonne (l'intinct) avec supériorité tantôt de l'un, tantôt de l'autre. La littérature, romanesque ou dramatique, la floraison des hypo thèses scientifiques et philosophiques, traduisent ces mouvements de flux et de reflux, au même titre que la chronique des tribunaux et la rubrique des faits divers. Il est malheureusement avéré que la débauche est le dissolvant de la famille et le sournois ferment de la dépopulation.

La guerre a-t-elle augmenté, chez ceux qui y ont pris part, la faculté d'introspection? Cela n'est pas douteux. L'homme le plus simple et le plus fruste, s'il est en danger, fait aussitôt un retour sur lui-même, afin de dénombrer ses ressources morales, dont il sent vaguement que dépend son salut, encore plus que de ses ressources physiques. L'obsession de la chance, ou de la malchance, celle du pari intérieur, le pressentiment, l'état de transe, voilà plus qu'il n'en faut pour déterminer le frisson introspectif, qui nous éclaire soudain sur notre *moi*, en général (disait mon père) « confus et trouble ».

L'obsession de la chance et du pari intérieur (« je m'en suis tiré tant de fois, je m'en tirerai bien encore cette fois »), est un état d'esprit pascalien. L'illustre auteur des *Pensées* vivait chroniquement dans un état de haute tension intellectuelle, traversé de douleurs fulgurantes, qui faisaient de lui une sorte de combattant moral et physique. Son besoin polémique dérive de là, ainsi que son âpreté, si savoureuse, dans la controverse. Pour les êtres ainsi tenaillés, même s'ils sont d'une vaste culture (laquelle attise, à la longue, la soif de l'infini) aucun autre refuge que la foi, où peuvent se concilier l'ardeur et la raison. Quand l'homme se met à se regarder fixement (et en dehors de toute pensée d'orgueil) il est rare qu'il n'aperçoive pas Dieu, et non un Dieu vague ou abstrait, mais le Dieu mort pour nous sur la croix. Ainsi s'expliquent les nombreuses conversions, quelques-unes exemplaires et des plus édifiantes, de cette terrible période de notre histoire, si proche... et qui peut, hélas, recommencer demain, par la faute de la République parlementaire, et de son éternelle, de son effroyable, de son inguérissable imprévision.

Ainsi se sont trouvés frappés à mort les débiles systèmes philosophiques, que nous avait légués l'avant-guerre, notamment le pseudo-scepticisme de James. Ces fallacieuses dérivations de la métaphysique allemande et de l'évolutionnisme anglo-saxon se sont dissoutes et pulvérisées, devant l'appétit du miracle qui tenaillait tant d'hommes, exposés, jour et nuit, à un trépas immédiat et cruel, et condamnés, jour et nuit, à un effort tenace. Ajoutez-y le besoin de clarté et de certitude, qui s'impose aux imaginations latines, dans les grands risques, collectifs et individuels.

Le scepticisme renanien est mort dans la descendance même de Renan, dans son génial

petit-fils Jean Psichari, chez qui le caractère
égalait l'intelligence, au dire de tous ceux qui
l'ont approché. La germanophilie forcenée, l'anticléricalisme sournois et dur, qui se cachaient
derrière le masque railleur de cet hégélien de
séminaire, ne pouvaient résister à l'immense
controverse, établie au-dessus de la lutte sanglante. La défaite du luthéranisme dans la
Prusse, qui l'incarnait, a enlevé son point
d'appui, son étai, à la gloire usurpée de Renan.
Cette gloire gît, parmi d'autres décombres, et
la Prière sur l'Acropole (si factice et empruntée !)
a pâli devant la véritable oraison. Demeuré
idole académique et universitaire, Renan n'est
plus un fétiche forain. Ses arguments contre le
miracle étaient d'une débilité qui fait sourire.
Toutes ses prédictions ont porté à faux. Il a
perdu l'ambiance, ce mystérieux prestige auprès
des non-lecteurs, qui croient avoir lu un auteur,
parce qu'ils l'ont entendu dénigrer, ou vanter.
Avant 1914, les non-lecteurs de Renan étaient
pour Renan. Ils sont contre lui présentement,
sans le lire davantage. *Sic transit...* Quelle charmante page il eût écrite sur l'effacement de son
influence et l'essoufflement officiel autour de son
centenaire !

L'enfantillage de l'intuitivisme bergsonien
(essai avorté d'une métaphysique du sensible)
était dénoncé avant la guerre, et dès l'entrée du
subtil petit rat juif à l'Académie. Son *Évolution*

créatrice était en somme un jeu de mots, titre compris. Mais le vide étonnant de cette tête d'hérédo, en proie à un perpétuel rébus, est apparu dans ses discours, écrits et travaux du temps de la guerre. Il n'avait exactement rien à dire des événements (ne les ayant jamais pressentis, car il est totalement dépourvu de flair, cet intuitif !), et il se battait les flancs pour répéter et philosopher les âneries et poncifs du monde officiel. A pareil métier, une réputation s'use, surtout quand elle était usurpée. Bergson est une victime de la guerre. Je me suis même demandé, cet été dernier, en relisant son meilleur ouvrage, *Matière et Mémoire*, s'il demeurerait de lui, dans dix ans, une page originale et indispensable?

Je ne me le suis pas demandé pour William James, dont le bagage pragmatique a la solidité apparente et le peu de stabilité d'un arrimage intellectuel anglo-saxon. Cette race, qui passe pour pratique, l'est si peu, et oscille, au gré de la mode, à battements si précipités ! Alors que Renan ne s'attachait qu'aux interprétations, James prétend ne tenir compte que des faits. Pour des raisons inverses et analogues, tirées parallèlement de deux exclusivismes de pôle opposé, une méthode est aussi branlante que l'autre. L'acte de crédulité, que toutes deux présupposent, est mille fois plus pénible (parce que moins lumineux) que l'acte de foi pure et

simple. Les perspectives de la plus humble prière
sont autrement vastes et intéressantes que celles
de l'intuition et du pragma. Que de fausses clés,
mon Dieu, chez ces pauvres gens, pour enfoncer
la porte ouverte du bon sens !

Comme je portais ce livre-ci dans ma tête,
depuis plusieurs mois, comme, d'autre part, j'ai
sous la main, à l'Action française (ligueurs et
Camelots du Roi), un grand nombre d'anciens
combattants, de toutes conditions, je les ai naturellement fait parler. Ce n'est pas aussi simple
qu'on l'imagine; car tous ces vaillants garçons
ont une pudeur extraordinaire de leurs exploits.
Aussi insistais-je, de préférence, sur leurs états
d'âme, leurs périodes d'excitation et de dépres-
sion, et les pensées qui accompagnaient chez eux,
le plus souvent, leur habitude du sacrifice. Il
m'est apparu que, durant cette longue épreuve,
ils ont demandé tantôt à la foi catholique,
tantôt au sentiment patriotique (et en se repo-
sant de l'un par l'autre), tantôt à la colère toute
crue, le supplément d'énergie indispensable. La
foi, on sait ce que c'est. C'est un exhaussement
de toute la personne par l'évidence intérieure.
Le sentiment patriotique, c'est l'amour du
milieu, et du sol où l'on a vécu. Enfin, la colère
aussi est un moteur, mais intermittent, et qui
ne vient qu'après les deux précédents. Là-dessus,
les religieux et les clercs m'ont paru logés à la
même enseigne que les laïcs, avec bien entendu

ce degré en plus d'ouverture de l'esprit, que donne l'usage biquotidien de la prière, exercice mal connu des psychologues qui ne sont pas des théologiens. Je me rappelle le mot de mon cher et vieux maître d'escrime (du temps que je me battais en duel), le professeur Ayat : « Mon cher élève, pour bien se battre, il faut rager. » C'est sans doute un péché que la colère, mais, à la guerre... *felix culpa.*

La colère, comme la foi, chasse l'appréhension, qui est la grande et mauvaise conseillère de l'abandon et du renoncement. La colère est l'antidote de la crainte. Des armées animées par la colère, même après une défaite initiale, et qui, pour cela même, ont perdu l'appréhension, deviennent invincibles; cela s'est vu à la première Marne, et aussi à la défense de Verdun. La sainte colère est à l'âme ce que la trempe est à l'acier. Ceci va plus loin qu'on ne pense; et dans la création littéraire, comme dans la découverte scientifique, il a été noté que certaine colère, de type spécial (résultat de la lutte contre le mot, la syntaxe, le tour d'esprit, qui nous dupent, ou contre l'hermétisme de la nature), est aussi le chemin de la victoire mentale. Je ne crois pas du tout à l'impassibilité, ni au je m'enfichisme, comme levier de l'esprit. Néanmoins, la colère ne doit pas être désordonnée, ni flottante. Il lui faut un but, et un riche aliment. A ce prix, elle emporte tout.

On a dit que les anciens combattants avaient
en général mauvais caractère, qu'ils étaient que-
relleurs, susceptibles et quelquefois grincheux.
C'est peut-être vrai. Mais quoi de plus naturel,
surtout après les déceptions dont le régime démocratique les abreuva? Je me représente très bien
l'irritation que devaient leur procurer, pendant
ces quatre effroyables années, la lecture des
journaux, même et surtout de ceux qui les encou-
rageaient directement, et la fréquentation des
civils. Je me la représentais si bien que je me
suis toujours gardé, personnellement, de la
moindre visite au front des armées, pendant
toute la durée des hostilités. Que dire à des soldats qui courent un pareil risque, quand on ne le
partage pas? Un homme politique a su résoudre
ce délicat problème : Clemenceau. Il l'a résolu
à force de rondeur, et en s'exposant, lui, président du Conseil, et alors indispensable au pays,
autant qu'il l'a pu. Je tiens, de témoins occu-
laires et auriculaires, que ce vieux bonhomme,
demeuré si alerte et si dru, trouvait, dans son
sang paysan, la chaleur et les mots, les mouvements aussi, qu'il fallait, au moment où il le
fallait. C'est un grand don, et un art difficile.
Il exige une aimantation.

Au résumé, la permanence du risque de mort,
jointe à la nécessité de l'effort continu, a intro-
duit, chez le combattant, des zones de méditation, synthétique et analytique, qui n'existaient

pas auparavant. Quelquefois même à l'insu de celui-ci. C'est là un phénomène naturel, mais qui a modifié entièrement l'architecture intime de la pensée, laquelle n'abandonne jamais l'homme, fût-il totalement ignorant et inculte. C'est Meredith qui disait que l'esprit humain était, depuis la naissance et à tous les niveaux, comparable à un martinet (en anglais « swift) », à l'agitation perpétuelle. Mais, chez presque tous, avant la guerre, et, (depuis la guerre), chez ceux qui n'ont pas combattu, cette agitation demeurait incoordonnée et vagabonde, et tenait au moins autant du vrombissement de la mouche, emprisonnée dans une imposte, que de la vélocité trémulante du martinet. Alors que, chez les anciens combattants, citadins ou paysans, on remarque un développement et un ordre de la métaphysique et de la psychologie intérieures, qui va, pour quelques-uns, jusqu'à une véritable métamorphose.

— A quoi pensez-vous ?

— Je ne pense à rien.

Cette dernière réponse n'a pas de sens. L'homme pense toujours à quelque chose, de même qu'il respire tout le temps et que son cœur bat sans interruption. Cette vie sourde et incessante de la pensée est bien connue des missionnaires et, en général, des confesseurs. Le « que fais-je ici-bas » est le début, universellement partagé, de toute préoccupation au delà du pain quotidien et de l'exercice des sens. La guerre a mis le « que fais-je ici-bas » au premier plan. C'est là une vibration nouvelle et qui ne s'éteindra pas de sitôt. « Nouvelle », — je veux dire renouvelée, — car cette guerre n'a pas été la première et elle ne sera pas la dernière, quoi qu'en aient prétendu, en 1914, les ignares dirigeants républicains. La nouvelle puissance des explosifs et sa durée l'ont faite particulièrement ébranlante. Aussi a-t-elle fait surgir, dans le soldat et l'officier, des puissances de tout ordre, presque entièrement inconnues de lui, notamment la puissance méditative.

Celle-ci qualifie la personne et la diversifie plus encore que ne le font les empreintes digitales, variant, comme l'on sait, avec chaque individu. Plus j'avance dans la vie et plus je suis frappé de la prodigieuse diversité des personnalités, comparable à celle de l'univers stellaire. Les quelques sensations et sentiments, classés et définis à la surface de l'âme humaine, m'apparaissent comme de superficiels affleurements d'une flore et d'une faune sous-jacentes, d'une richesse en quelque sorte indéfinie. Tout cela était, avant la guerre, à peu près plongé dans les ténèbres, ou (chez les plus pénétrants) dans une forte pénombre. Tout cela est devenu phosphorescent, chez les combattants, depuis la guerre. Que d'observations je pourrais citer !

En voici un que j'aime comme un frère, qui

a toujours eu de l'amitié pour son vieux Léon, et qui me parle librement. C'est un jeune sculpteur, d'un splendide talent, qui s'est battu héroïquement et qui a perdu un bras à la guerre. Il a toujours joui d'une belle et solide intelligence; mais celle-ci, ainsi que son talent, a fait, en quelques mois, des pas de géant. Son œuvre est chaque jour plus ample et plus profonde. L'immense secousse, en le labourant, a semé en lui de la méditation, esthétique et politique, et de la méditation féconde. Il a la fièvre de produire, d'exprimer; il cherche la difficulté sculpturale pour la résoudre, en se jouant. Il monte vers cette génialité qui enferme, dans la fausse immobilité de la statuaire, tous les mouvements de l'art dramatique, toutes les intentions de la haute poésie.

En voici un autre qui a fait, par miracle, sain et sauf, toutes les grandes attaques et défenses de la guerre, les deux Marnes, la Somme, Verdun, etc. Il a été grièvement blessé, gazé, etc., mais il n'est pas mort, et il est pareil à celui qui avait traversé l'enfer. C'est un propagandiste incomparable de la vérité politique. Toutefois, de temps en temps, il s'arrête, absent, distrait, l'œil au loin, et il médite. Je sais le sujet de sa méditation. Elle va rejoindre celle d'Hamlet, dans Shakespeare, sur l'être et le non-être. Son horreur des réflexions et remarques conventionnelles (si fréquentes chez les non-com-

battants) s'accompagne d'une extraordinaire
compréhension de toutes les coutumes et traditions de l'ancienne France. Il jouit de son pays
à chaque pas; il hait ce qui le menace; il se
dévoue à ce qui (hommes et doctrines) cherche
à le protéger. C'est un héros qui, la guerre finie,
vit son sol et l'esprit de sa race. Dans ce domaine
original, il est un maître, et, d'emblée, il comprend les maîtres. Natif de Seine-et-Marne, avant
de s'endormir, il lit Mistral où il découvre des
raisons en plus de chérir ce à quoi il se
sacrifie.

Marius Plateau (notre pauvre Plateau!), le
héros de Port-Fontenoy, mort assassiné par
l'anarchie au service de l'Allemagne, était
devenu après la guerre, où il avait été dange-
reusement blessé, un psychologue d'une curiosité irrassasiable. Croyant de toujours, il résu-
mait le besoin religieux qui était en lui, de façon
saisissante; et il m'a fait comprendre la réalité
mystique, aussi éloignée de l'abstraction que la
peinture de la musique. Il m'avouait ne plus
concevoir et accueillir que ce qui se présentait
à lui sous la forme de l'évidence; c'est la formule même de l'homme d'action complet.
Puisque agir c'est bannir le doute. Chaque jour,
en arrivant au journal, je passais dans son
bureau d'abord, comme j'aurais pris un bain
de désintéressement et d'énergie. Aussi quelle
impression d'horreur sacrée quand je le vis là,

étendu et mort, troué de balles, Ariel victime
de Caliban !

Les gens voient tout à l'envers, même quand
ils sont bien intentionnés. Certains raffinés et
délicats admirateurs de Maurras s'imaginent
qu'il est un auteur ardu aux yeux de cette jeunesse, pathétique et décimée, qu'il a formée à la
réflexion politique. Nullement. Il est compris
par elle de plain-pied, et en raison même de la
rigueur et de la soudaineté de sa dialectique. Il
est la nourriture indispensable à quiconque a
risqué consciemment sa vie pour son pays.
Parce qu'il lui expose (et parfois lui révèle), de
la façon la plus claire et la plus nette, les motifs
secrets de son sacrifice. Maurras, ou le dispen-
sateur des hautes raisons. Les plus rudes au
combat, parmi nos amis et partisans, lui savent
gré de dissiper les ténèbres autour de l'utilité
de leur dévouement, de les déchiffrer souvent
à eux-mêmes. C'est par là qu'il est un entraî-
neur et le type même du génie dynamique. Car
la méditation (poussée à ses plus lointaines et
complexes racines) n'est jamais chez lui un
paralysant pour l'action.

On voit à quel point je me sépare de ceux qui
prétendent que l'épreuve de la guerre n'aura
pas modifié profondément les combattants de
notre pays. Je soutiens qu'au contraire elle
les aura transformés et dans ce qui est le plus
essentiel, mais aussi le moins apparent : dans

le substratum de la personne, le tuf idéal, métaphysique et mystique. Que cette transformation
ait échappé et continue d'échapper aux observateurs superficiels et aux historiens et critiques
de la nullité d'un feu Lavisse, d'un Hanotaux,
ou d'un Doumic, il n'y a rien là qui doive nous
étonner. C'est le contraire qui serait étonnant.
L'encéphale de ces messieurs, penseurs de salon
et d'Académie, ayant tout juste la valeur et la
consistance d'un cor aux pieds.

De là une première conséquence : la distinction qu'il y a lieu d'établir entre la France des
combattants et de ceux qui comprennent leur
dévouement, leur souffrance et leur transformation et la France des non-combattants,
indifférents ou oublieux quant à ce dévouement,
à ces souffrances, à cette transformation !
Maurras, dans ses *Tombeaux* qui sont à mon
avis, le chef-d'œuvre entre ses chefs-d'œuvre
et la plus vaste ouverture des temps contemporains sur les ressources héroïques de la personne
humaine, a dressé le mémorial de la première
catégorie. Dans la seconde catégorie, il faut
ranger presque tous les salonnards et presque
tous les politiciens, environnés de cette lie, animale et indicible, de presse, d'affaires, d'anarchie, que nous a léguée l'avant-guerre. La question est de savoir qui l'emportera, intellectuellement, moralement et physiquement, de la
première ou de la seconde catégorie. C'est ici

qu'intervient la politique, laquelle a pour but
non seulement d'assurer le salut et la continuité de l'État, mais encore de faire prédominer
dans la cité ce qui est sain et utile sur ce qui
est malsain et nuisible.

Avant la guerre, la tourbe dont je viens de
parler était maîtresse des avenues de la politique, par le moyen du suffrage universel et du
parlementarisme. Après la guerre, cette tourbe
a essayé et essaye de recommencer ses manœu-
vres. Elle ne pèserait pas lourd, si la première
catégorie prenait conscience de ses moyens, de
sa puissance. Là est le problème. Comment
amener les meilleurs à reconnaître qu'ils sont
les meilleurs? Avant la guerre, on se heurtait à
leur indifférence, à la méconnaissance du rôle
primordial de la politique dans la vie des
peuples civilisés. Depuis, on se heurte à leur
respect humain. Se sentant différents des autres,
les anciens combattants ont peur que l'on ne se
moque d'eux, et surtout que l'on ne raille leur
candeur. Ici intervient le rôle réel de la satire,
et de la polémique réactionnaire, qui est de faire
passer le rire vengeur du bon côté, et le ridicule
du mauvais. Je ne crois pas, malheureusement,
qu'en France, ni ailleurs, le ridicule tue. Mais il
est susceptible de paralyser. Il s'agit de montrer,
de façon palpable et durable, que celui qui
oublie ou néglige la guerre, et qui nie ses répercussions, est non seulement malfaisant, mais

grotesque. Il s'agit de montrer le néant des beaux esprits, qui ont imaginé la calembredaine commode : « Au-dessus (ou à l'écart) de la mêlée. »

Ces beaux esprits sont, en somme, les héritiers du libéralisme pour lequel (dans toutes les questions de paix, ou de guerre) personne n'a tout à fait raison, ni tout à fait tort. Il y aurait ainsi, au-dessus des adversaires, une position arbitrale et moyenne, départageant les bourreaux et les victimes, les incendiaires et les incendiés, les égorgeurs et les égorgés. J'ai dénoncé, dans un précédent ouvrage, *le Stupide XIXe siècle*, le libéralisme comme la plaie du temps. Aux yeux du libéral « conscient et organisé » (comme disent les socialistes du travailleur, leur dupe), l'Allemagne était coupable entièrement; mais la France et les alliés avaient aussi quelques petits torts, celui notamment de ne pas avoir accueilli avec assez d'enthousiasme les prétendues avances de Guillaume II. Le porte-plume des libéraux n'était-il pas un gigantesque et falot personnage partisan, comme Caillaux en personne, du rapprochement franco-allemand, c'est-à-dire, à l'époque, du rapprochement du chat et de la souris. Aux yeux des libéraux, la question vitale d'Alsace-Lorraine pouvait, à la rigueur, être réglée par l'autonomie de l'Alsace-Lorraine, dans le cadre de l'empire allemand, détendu quant à ces pro-

vinces, qu'il nous avait volées. Alors que le
maintien de l'annexion, plus ou moins déguisée,
de l'Alsace-Lorraine, amenait peu à peu la
France dans la tutelle absolue de la Prusse et
du luthéranisme prussien.

L'Alsace-Lorraine, en revenant à la France,
a eu un mouvement de joie extraordinaire, un
enthousiasme vrai; parce qu'elle revenait à la
vraie France, qui est celle des ruraux, des familles, des prêtres et des soldats. J'ai vu encore
le reflet de cette joie sur les visages des représentants de l'Alsace et de la Lorraine, quand ils
ont pris séance à la Chambre, le 7 décembre
1919... Journée inoubliable! Ensuite, ils ont
un peu déchanté, nos frères recouvrés, en s'aper-
cevant que la France politicienne était demeurée
aussi absurde et aussi pernicieuse qu'avant leur
retour. Puis ils ont compris que, pour vaincre,
complètement, il faut continuer à combattre,
même quand la victoire apparente est obtenue.
Alors ils ont retrouvé la sérénité. L'observation
que j'ai faite de ces trois mouvements, m'a
rendu plus chers encore nos collègues d'Alsace
et de Lorraine. C'est un gain immense (même
de l'esprit) que nous avons fait avec eux et
avec les provinces qu'ils représentent, et qui
nous étaient toujours demeurées fidèles. C'est
pourquoi, je le note ici à la colonne des acquets.
Parmi eux, une véritable lumière, et d'un prix
inestimable, le docteur Oberkirch. J'admirais

et j'aimais le docteur Bucher, certes. Mais il y a en Oberkirch une autre vision, psychologique et politique, et un véritable bienfait. On le verra.

L'amputation d'une province essentielle, dans un pays aussi fondu que la France (et d'une province frontière) est un accident très grave. Le retour et le réajustement de ce membre amputé est un bonheur aux suites incalculables. Barrès, avec sa hauteur de vue habituelle (et qui l'égalait, le cher ami, aux plus grands penseurs français de tous les temps), Barrès a dit, là-dessus, des choses impérissables. Elles me dispensent d'y insister. Relisez les *Bastions de l'Est.*

Mais maintenant, cette élite, si rare et si forte, d'Alsace-Lorraine, est parmi nous, vit parmi nous, prend la parole parmi nous. Ces hommes de culture latine et cartésienne, qui usent pourtant de la langue allemande et connaissent à fond l'âme allemande (plus par contiguïté que par endosmose), je les considère comme les clarificateurs de l'avenir, et non pas seulement comme de salutaires vigies.

Chapitre V

LE GRAND DÉMÉNAGEMENT DES IDÉES

(Suite.)

Avant la guerre, et sous la double influence
du régime démocratique et de l'influence allemande (en Sorbonne et dans l'enseignement
primaire) la prééminence de la raison, et de son
succédané le sens commun, était fortement
contestée. Les uns prônaient, comme guide, la
sensibilité, sous toutes ses formes; d'autres
l'intuition, terme vague et conforme à l'opinion
vagulante; d'autres, l'enthousiasme; d'autres,
la volonté en soi, ce qui n'a aucun sens; car la
volonté est un levier, qui ne vaut que parce
qu'elle soulève : pernicieuse, quand elle soulève
le mal, elle est féconde et utile, quand elle
soulève le bien. Mais la manie « nouménale »
contractée de Kant, fils de Luther, amenait
alors à considérer la volonté en soi, et suspendue
hors de l'espace et du temps.

La guerre a appris aux combattants, et aussi

à ceux qui suivaient leurs efforts (bien qu'à un
moindre degré) que ce qui n'est pas conforme à
la raison, ni au bon sens, est voué inévitable-
ment à l'échec. Les Allemands ont manqué de
jugement, d'abord en nous déclarant la guerre
(car ils allaient nous conquérir autrement)
ensuite en se mettant à dos d'emblée, par leur
mode d'attaque, la Belgique et l'Angleterre. Ils
en ont été finalement punis. Le gouvernement
français avait manqué de bon sens, en ne se
préparant pas à une guerre, que tout présageait
imminente. Les Français en ont porté la peine,
ainsi que celle d'avoir toléré un tel gouvernement
imprévoyant. Chacun, en somme, en a pris pour
son grade. La République, coupable chez nous
d'aberration passive, — au même titre que l'Allemagne d'aberration active, — la République n'est
pas encore par terre en fait. Mais elle est par
terre en tant que doctrine, en même temps que
son unique argument, qui était la paix. Quant
à la démocratie, chacun doit bien lui donner son
véritable nom, qui est : invasion.

Le règne de la raison politique (qui est le
« règne » tout court) n'est pas encore là. Mais le
règne de la déraison, prônée et glorifiée en tant
que déraison, a cessé. C'est déjà quelque chose.
L'idole révolutionnaire s'est effondrée. L'idole
libérale, peut-être plus funeste encore, est bien
malade. Les républicains, Poincaré en tête,
n'ont plus qu'une attitude, devant nos attaques

aux principes qui les ont formés et élevés. Ils
« dérobent » comme on dit en escrime. Ils remet-
tent la discussion à lundi. Ils ont renoncé (et
pour cause) à la controverse. Ceux qui ne crient
pas à l'union sacrée, en manière d'échappa-
toire, se fâchent tout rouge, c'est le cas de le
dire. Leur colère est insignifiante.

Que dit la raison? Qu'un régime qui, faisant
toutes les concessions possibles à un voisin
insolent (y compris celle de désarmer, quand
le voisin, lui, arme à outrance) aboutit à se
faire tuer 1.700.000 hommes, est un régime
absurde et odieux. On aura beau retourner le
problème sur toutes ses faces, on arrivera toujours à la même conclusion. Joffre a félicité
(simple clause de style) la République d'avoir
forgé la victoire de la Marne! Ce qui a fait rire
jusqu'aux mouches de la police politique pro-
allemande de Hennion, Leymarie et Cte. Mais
le même Joffre a écrit à Gallieni, avant la dite
bataille de la Marne, qu'il y avait lieu de se
méfier, en général, des gouvernants républicains. Ainsi prévoyait-il sagement Malvy et
Caillaux.

Il est habituel aux gens qui déraisonnent de
se glorifier de leur déraison. Si nous prenons
seulement la période où a gouverné le bloc de
gauche (et qui va de 1899 à 1918) nous avons,
dans les discours de Waldeck-Rousseau, de
Combes, de Rouvier, de Clemenceau lui-même,

alors entiché de Picquart, de Jaurès surtout
(ce torrent d'insanités vocératrices), le compen-
dium de la déraison. Ce flot de bourbeuse éloquence fait pendant au flot de purin de Zola.
Il y avait là de quoi faire massacrer 10 millions
de Français. Remercions le ciel que le carnage
se soit limité à un peu moins de 2 millions.
Néanmoins, ce n'est pas une affaire qu'il serait
bon de recommencer tous les dix ans, fût-ce par
excès de vénération envers le grand fétiche
sanguinaire, dont les holocaustes s'échelonnent
de 1792 à 1923.

L'enseignement de l'histoire Lavisse, de l'histoire Monod, de l'histoire antifrançaise dans
l'Université, va devenir, après une pareille
leçon de choses, singulièrement épineux. Fustel
est là, le maître des maîtres, qui tend les bras
aux enfants prodigues en bonnet carré, et ne
demande qu'à les recueillir. Mais ils ménagent
les transitions, heureux encore s'ils ne prétendent
pas que ce sont les faits qui ont eu tort, que
Lavisse et Monod avaient raison. Autrefois,
le bonhomme Lavisse (du temps de ma jeunesse)
avait eu des velléités nationales. Ses travaux
sur l'histoire de Brandebourg, et les origines
de la monarchie prussienne, en témoignent.
L'affaire Dreyfus l'avait retourné du mauvais
côté. Il en était arrivé à admettre, avec Waldeck
(*jurare in verba...*) qu'il y avait en France deux
jeunesses : l'une rétrograde, issue de la main-

morte, formée par les ordres religieux ; l'autre va-de-l'avant et révolutionnaire ; et qu'il fallait favoriser la seconde aux dépens de la première ; annihiler, si faire se pouvait, la première. Le malheureux serin ! Le carnage germano-républicain a réconcilié ces deux jeunesses dans le tombeau, où est allé récemment les rejoindre l'historien déchu, tombé à l'obéissance stricte du grand Fétiche. Le régime n'a plus guère qu'une façon de s'en tirer : rayer des programmes les études historiques, les remplacer par des lectures de Michelet, de Quinet et de Monod.

Chaque année, ce déplorable Lavisse, au moment de la distribution des prix, faisait une allocution démocratique aux enfants du Nouvion-en-Thiérache, allocution que *le Temps* reproduisait pieusement. Il y célébrait le suffrage universel, la mémoire de Gambetta, de la Léonie Léon (stylée par Bismarck, employeur de ladite) et les bienfaits de la Révolution. Ce suffrage, cette haute mémoire et ces bienfaits ont fauché trois générations de jeunes nouvionois, auditeurs et applaudisseurs de Lavisse, plus sûrement que Moloch et Baal ne dévoraient les petits Carthaginois. Quant au *Temps*, il continue gaillardement (mais avec moins d'esprit qu'à l'époque d'Adrien Hebrard) à célébrer les mérites du mancenillier dont meurt la France, et à sonder pieusement les scrutins partiels dont se réjouit, ou s'attriste, son inconséquence.

. Pour l'enseignement de la philosophie, c'est fort simple. Il est remplacé, dans les lycées et collèges, par un résumé de l'histoire branlante des systèmes philosophiques modernes et contemporains. Mettez-vous à la place des professeurs? Quelle était la matière?... comme disent les Anglais. Spencer et Kant, Kant et Spencer; et derrière Spencer, Stuart Mill, Alexandre Bain; et derrière Kant, Hegel et Fichte. Il était tout de même malaisé de réintroduire en souveraine la métaphysique boche dans notre enseignement, si peu de temps après son joli travail dans dix de nos départements. Le topo de Kant *Pour la paix éternelle* en devenait assez macabre, et le *Discours à la nation allemande* de Fichte était un peu trop d'actualité. Quant à nos évolutionnistes anglais, leur fatras était récemment retourné au néant, avec la doctrine même dont il se réclamait. La philosophie sportive n'ayant pas encore trouvé son Bergson, que restait-il à enseigner aux jeunes gens? Aristote et saint Thomas, Horresco ! N'est-ce pas là tout le programme philosophique de cette jeunesse catholique qu'exorcisaient Waldeck et son loyal varlet Lavisse ! C'est pourquoi l'on fuit actuellement Aristote et saint Thomas jusque dans les plus modestes abrégés de l'histoire de la philosophie. Faute d'un enseignement frelaté, et germanophile, ou anglo-saxon, de la science des sciences, les jeunes Français n'auront plus d'enseignement du tout.

Et cependant la discussion sur les programmes antihumanités et censés « modernes » de Leygues, instituée à la Chambre par Léon Bérard, au printemps de 1922 (discussion fort intéressante), a montré que, depuis la guerre, un peu de raison avait pénétré jusque dans la politique de l'enseignement. On connaît le thème. Le programme de Leygues (1902), — en réalité programme de Waldeck, — sous couleur d'instituer un enseignement moderne, dévastait les humanités, et anéantissait la culture française traditionnelle, au bénéfice d'un scientisme vagissant. Ce Leygues n'est pas du tout un mauvais homme; il a même eu des velléités poétiques; et l'éloquence rondouillarde lui a joué, autrefois, plus d'un tour. Mais c'est un enfant à ronds de bras, vieilli dans toutes les nuées du siècle, et qui se berce de sa parole trop facile, sans tenir compte d'aucune réalité. Aux yeux de Leygues, comme à ceux de Waldeck, les Humanités étaient réactionnaires, alors que la science est de gauche. C'est idiot, cela n'a pas le sens commun : ainsi le voulait le caté-chisme de Paul Bert, aux annotations marginales de Gambetta et de Reinach. Ainsi fut décidée l'expulsion en douce des Humanités, en même temps que celle des Ordres enseignants.

Léon Bérard, bien que républicain, eut l'audace de prétendre que les Humanités forment l'esprit (et même quant aux études scientifiques) et que la restauration du latin et du grec est indispensable à une nation qui cherche son relèvement et sa raison d'être, après une tuerie sans précédent. La lutte qu'il mena, en cette occasion, contre l'ancien bloc de gauche de Waldeck et de Combes, avec l'appui du centre droit et de la droite (dont votre serviteur), fut une controverse utile et curieuse, où le fond des choses apparut. Car la véritable raison, pour laquelle les gens de gauche en veulent, en général, au latin, c'est qu'il est la langue encyclique, c'est qu'il est la langue de l'Église romaine. Aucun autre de leurs arguments antihumanités (sauf celui-là, qu'ils taisent) ne tient debout. Mais que les racines de notre langue baignent dans la raison gréco-latine, et que l'anglais et l'allemand (utiles, au point de vue des transactions commerciales) demeurent les véritables langues mortes, quant à la culture générale, devant la survie du grec et du latin, voilà ce qu'un démocrate bon ton ne saurait admettre.

Cette discussion (prolongée pendant plusieurs semaines, et qui aboutit à un décret incomplet, mais bienfaisant, de Bérard) me fut une occasion de demander deux choses, difficiles à obtenir en République : 1° l'enseignement primaire du latin à l'école laïque par le curé, à défaut de l'instituteur; 2º l'enseignement généralisé du provençal, comme introducteur du latin. J'exposai à mes collègues du Nord et du Centre, peu ou mal renseignés sur ces points, l'existence d'une littérature d'oc importante, et qui a même donné son plus grand poète français au xixe siècle; j'ai nommé Frédéric Mistral. Je leur rappelai aussi l'existence d'une littérature latine de la Renaissance. Le prestige de ces hautes questions est tel que, pendant plusieurs matinées et journées où celle-ci fut débattue, il n'y eut pas de dispute au Palais-Bourbon. Ce fut la trêve d'Homère, de Virgile et de Mistral, comme il y avait jadis la trêve de Dieu.

L'idée que les ignorants, et un très grand nombre de savants, se faisaient de la science non mathématique avant l'immense et soudaine clarté de la grande guerre, était baroque. Ils la voyaient comme les politiciens voient la démocratie, sous l'aspect linéaire du progrès continu et indéfini, de telle sorte qu'il n'y aurait jamais ni hiatus, ni retour en arrière, ni recommencement d'autre chose, ni bouleversement complet. Or, la science non mathématique, et les explications et hypothèses adjacentes, changent environ tous les trente ans. Fonder sur elles un enseignement, c'est proprement fonder sur le sable. Mais, s'il s'agit de culture générale, l'erreur est encore beaucoup plus grossière et pernicieuse, car les sciences meublent l'esprit et ne le forment pas. Au lieu que les humanités classiques, grecque et latine, et les exercices par lesquels on se forme à leur connaissance, imposent à l'esprit une discipline qu'aucune autre étude ne saurait remplacer. Quiconque a vécu et observé discerne, en cinq minutes de conversation, celui qui a fréquenté les grands auteurs d'Athènes et de Rome et celui qui ne les a pas fréquentés. Vouloir remplacer ces inégalables modèles (auxquels on n'accède que par l'effort et la discipline de la réflexion) par la chimie, la physique ou la biologie, c'est découronner et décapiter l'intelligence française; c'est marquer un recul barbare.

Les élections du 16 novembre (en envoyant à la Chambre une majorité réactionnaire, et en partie s'ignorant comme telle) avaient rendu possible le maintien à l'Instruction publique, d'un ministre cultivé et d'une hauteur de vues singulière : Léon Bérard. Cet homme jeune, affable, spirituel, clairvoyant comme pas un, passait, en général, pour un sceptique, plus comparable au roseau flexible qu'à une barre d'acier. Républicain de style modéré et acceptant, comme les camarades, les conséquences du régime des partis et les poncifs démocratiques, il n'en avait pas moins le désir (et, mieux que le désir, la volonté) de sauver ce qui pouvait être sauvé du patrimoine intellectuel du pays, après l'effroyable tourmente. Il était convaincu, comme tout homme lucide, de la nécessité des humanités classiques pour la formation d'un esprit de direction et de conduite, d'un esprit politique, d'un esprit tout court. Il y aurait un volume à écrire sur la question, et je renvoie ceux qu'elle intéresse à mon topo à la Chambre de juin 22, que la *Nouvelle Librairie Nationale* a publié à part. Contre lui Bérard avait, avec tous les gens de gauche bien entendu, qui tablent sur l'ignorance et l'abêtissement des foules (abêtissement et ignorance utiles à leur réélection), la démagogie universitaire, je veux dire (le professeur Brunot en tête) les Sorbonnards à la Lavisse, accoutumés, depuis l'affaire Dreyfus, à sacrifier la France à leur avancement et au suffrage universel. Pierre Lasserre a trop bien décrit ce genre de serfs de l'intelligence, dans son grand ouvrage, *la Doctrine officielle de l'Université*, pour qu'il soit nécessaire d'y revenir. Depuis l'époque de Jeanne d'Arc, il y a une sorte de malédiction sur la Sorbonne.

Ceci explique l'abaissement prodigieux du niveau des études, dans les années précédant la guerre. Le grand exercice scolaire (le thème latin) était en train de disparaître, comme avait disparu le discours latin. Avec lui disparaissaient cet exercice du jugement, cette recherche du terme exact, partant du connu vers l'inconnu, et du langage parlé vers les racines latines et gallo-romaines, qu'aucun autre effort mental du jeune écolier ne remplace. Le thème allemand, le thème anglais, à plus forte raison le rudiment chimique, physique ou biologique, sont complètement étrangers et extérieurs aux sources verbales de notre personnalité ethnique, aux racines motrices des mots et de la syntaxe, qui furent celles de nos pères et qui sont nôtres. De ceci, le brave Leygues ne s'était pas douté, bien entendu. Il avait voulu seulement, en 1902, se mettre à la couleur de son chef Waldeck et du waldeckisme, qui était la couleur rouge (d'un rouge froid et censé juridique, le pire de tous) et proclamer, le pauvre garçon, la supériorité de la formation scientifique sur la formation humaniste !

Soutenu par la majorité que j'ai dite, et par l'atmosphère patriotique de la guerre récente, Bérard entreprit de combattre pour le latin, pour le grec, pour la raison. Sa flexibilité, charmante et ironique, se montra, là-dessus, fibreuse et intraitable. Il réfuta, avec politesse et finesse, les grossiers arguments des sorbonnards, plats courtisans du radicalisme et de l'ignorantisme électoral; mais il les réfuta. Il fut souriant, acharné, convaincant. Pendant qu'il parlait, l'œil narquois, mais résolu, les mains en avant, avec la voix forte et nuancée des Béarnais de son pays, pendant qu'il exposait d'abondance, et dans leurs moindres replis, tous les côtés de la plus importante des questions, après celle

de la Défense nationale, j'évoquais ses prédécesseurs. En avons-nous connu de falots,
et même de rigolos, de ces grands maîtres de
l'Université de la République, qui complé-
taient le démentèlcment matériel de la Patrie
par son démantèlement intellectuel !... Depuis
un certain Duvaux, ou quelque chose d'appro-
chant, qui sévissait, vers 1882, et que nous
bombardions à coups de boules de neige (quel
scandale !), lors de sa visite à Louis-le-Grand,
jusqu'à Lafferre, le franc-maçon ignare et grotesque, prédécesseur de Bérard au cabinet Cle-
menceau-de-Guerre !

Aux environs de 1888, le ministre de l'Instruction publique était Lockroy, le squelettique
Simon dit « Lockroy », gendre et bourreau de
Victor Hugo, ancien garibaldien, compagnon de
Renan en Syrie, et que j'ai connu de fort près.
Lockroy ne manquait pas d'esprit, ni même du
sens de la blague, mais il manquait totalement dc culture et sa connaissance du latin
n'allait pas au delà de « rosa-la-rose » et encore !
Quand il lui fallut prononcer le discours d'usage
au Concours général, qui fut bien embarrassé,
ce fut mon Lockroy. Il avait alors, comme
secrétaire, un très brave garçon, assez instruit,
nommé Gustave Ollendorf, et il lui demanda
de lui rédiger le plan de son laïus aux jeunes
élèves. Ollendorf, qui avait autre chose à faire,
me pria de le remplacer. J'étais alors tout jeune

et fort en thème; je sortais du lycée, et j'assem-
blai une sorte de mosaïque, un peu hagarde et
bousculée (comme on la fabrique, pour le grand
concours, à cet âge de la fameuse « encéphalite »
dont parle Renan) mais qui eut, dans la bouche
de Lockroy, un vif succès.

Je n'ai pas relu ce morceau d'éloquence. Je
ne me souviens que d'une citation latine, toute
modeste, dont le grand maître de l'Université
demanda négligemment la traduction à Gustave Ollendorf, qui me la demanda. La vanité
des choses humaines, et notamment de l'instruction laïque et républicaine, m'apparut à ce
moment-là. Mais où sont les neiges d'antan?
Je me hâte d'ajouter que, depuis Lockroy,
il y a eu des ministres de l'Instruction publique,
qui ne le valaient certes pas. Je n'en citerai
qu'un seul, Aristide Briand, qui n'écrit jamais
une lettre, si grande est son ignorance hila-
rante de l'orthographe. C'est lui qui croit que
le concile de Trente était une réunion de trente
personnes, qu'Aix-la-Chapelle est située au fin
fond de la Prusse orientale. On lui doit, à la
suite des événements sanglants de Grèce pendant la guerre (massacre des marins français au
Zappéion) le lapsus fameux : « C'est eune de
ces peursonnes (ici un geste d'écendrement de
la cigarette éteinte) qui prennent le Pirée pour
un port de mer. »
Aussi le sentiment qui me parut dominer

la gauche de la Chambre pendant les discours
« pour les humanités » de Léon Bérard, ce fut
la stupeur, légèrement scandalisée, de voir un
véritable lettré dans ce poste réservé aux
cancres les plus notables. Les primaires du
Socialisme international n'en revenaient pas.
Ils furent encore plus stupéfaits quand un de leur
bord (le papa Bracke, professeur de grec, hur-
luberlu lecteur d'Aristophane et très versé en
littérature ancienne, mais totalement privé de
jugement) se mit à défendre, lui aussi, contre
ses voisins immédiats, le grec et le latin. Venant
de moi, réactionnaire fieffé, une telle attitude
était prévue, et d'ailleurs conforme à ma
légende d'aspirant Trestaillon, et de « Terreur
blanche », nourri de la sueur de prolétaire;
mais, tombant de la bouche de Bracke, cette
thèse sacrilège stupéfiait. On n'est jamais trahi
que par les siens.

Les armes protègent les lettres, comme elles
sont la garantie du langage et du sol natal. Si
les chefs militaires en étaient bien convaincus,
ils n'auraient pas, en face des risibles politiciens de la démocratie, en face de la démocratie elle-même, cette attitude trop souvent
humble et résignée, qu'ils qualifient de discipline. La discipline est intra-militaire. Elle ne
comporte point l'obéissance, ni la servilité politiques. Elle ne sépare nullement l'officier des
intérêts vitaux de la nation. Les armes pro-

tègent les lettres, et assurent ainsi la suprématie (au cours des luttes éternelles) à l'intelligence et à la culture nationales. En retour, les lettres, qui dispensent la juste gloire et la durée ici-bas, assurent la renommée des grands soldats, par l'histoire, le roman, la poésie. Il est certain que la victoire (inutilisée, mais réelle) de nos armes, et de nos armes *seules*, qu'entravait, au dedans, la démocratie parlementaire, a rendu sa prééminence, restitué sa coupe d'honneur européen, à l'intelligence, à la culture françaises. C'est parce que Bérard l'a compris, qu'il a bien mérité du pays.

Avant la guerre et la victoire de nos armes, la « supériorité des Anglos-Saxons » (comme disait M. Demolins) et celle des Germains (comme disaient d'autres) étaient au nombre des vérités révélées, avec l'Évangile des Droits de l'homme, le progrès indéfini, et la paix par la démocratie. Seul Maurras luttait contre ces sottises, dont il a rappelé les principales, dans son célèbre ouvrage : *Quand les Français ne s'aimaient pas.* Quiconque faisait timidement valoir les qualités intellectuelles et autres des peuples latins en général, et notamment du peuple français, était qualifié d'imbécile ou de chauvin. La guerre a bousculé ce préjugé protestant, avec cet autre préjugé, qui faisait de la finance le fondement des sociétés, et leur rempart, et, des financiers, les maîtres inéluctables du monde de demain. Les financiers ne sont les maîtres que par la faiblesse, ou l'ignorance, des politiciens. Dans le risque vital de 1914-1918, la France, impréparée à la guerre, a montré que ses vertus et qualités fondamentales, de la tête et du cœur, jusqu'aux muscles, l'emportaient sur les vertus et qualités correspondantes, non seulement de ses ennemis, mais de ses alliés... les Belges exceptés.

La guerre n'est pas qu'une science brutale. Elle est encore une connaissance (au delà de sa technique) et elle exige de ceux qui la mènent, avec la fermeté d'âme indispensable, tout un ensemble de méditations. Elle est une pensée en action, sanglante et terrible, mais une pensée vigilante et dure. Or la France et la Prusse avaient seules, en 1914, une École de guerre. On a beaucoup blagué Paul Bourget, pour avoir dit, avant le drame, qu'il importait de faire cas du grand état-major allemand, au même titre que de la Chambre des Lords et de l'organisation de l'Église catholique romaine. C'est cependant Bourget qui avait raison. Mais on croyait généralement, avant la guerre, que le grand état-major allemand l'emportait sur notre École de guerre. Or, c'est le contraire qui était vrai.

Je sais que plusieurs écrivains (notamment Jean de Pierrefeu, dans son très amusant, mais injuste *Plutarque a menti*) ont prétendu rabaisser la suprématie de l'intelligence militaire en général, et celle de notre École de guerre en particulier, par des tableaux concrets du désarroi inévitable dans le feu de l'action. Comme s'il ne fallait pas, dans tous les milieux, et dans tous les temps, faire la part de l'humain! Mais c'est le résultat qu'il faut voir. Or celui-ci a été décisif. Après les défaites initiales de Charleroi, Morhange et Dieuze (défaites tenant au recul insane et initial de 10 kilomètres et à notre constitution républicaine, cause d'impréparation et de retard en tout et partout), la supériorité, non seulement dans l'exécution, mais dans la conception, a appartenu, de la première à la deuxième Marne (puis jusqu'au 11 novembre 18) à notre G. Q. G. Quelques erreurs ont été commises, quelques surprises ont eu lieu, notamment celle du 27 mai 18. Dans l'ensemble, la connaissance militaire française (c'est-à-dire, au fond, la culture, la formation mentale et morale française) a battu, et à plates coutures, l'orgueilleuse connaissance militaire allemande, résumé et apogée de l'esprit allemand. Cela, qui est aussi clair que la lumière du jour, est un formidable retournement des préjugés en cours avant la lutte et un décisif appoint à la doctrine de Maurras, sur la suprématie intellectuelle des Latins.

On nous vantait sans cesse les méthodes allemandes; ces méthodes, absurdes quant aux belles-lettres, étaient servilement imitées et copiées par nos sorbonnards, et prônées par les politiciens de gauche. Ces méthodes ont claqué lamentablement. La conception française l'a emporté. Dès le début, le maréchal Joffre (à l'inintelligence duquel je me refuse totalement à croire, en dépit de ses détracteurs) a mis dans sa poche von Kluck et von Moltke, dont *le Temps* lui-même, à la déclaration de guerre, vantait inconsidérément les mérites. Von Kluck a prouvé qu'il était un nigaud casqué, quand il a écrit, dans ses maigres *Mémoires* (les Mémoires d'un rossé) qu'il était impossible de prévoir le redressement français de septembre 14. L'histoire des Français abonde en redressements de cette nature. Je n'ai fait qu'entrevoir de loin le maréchal Joffre, mais je bénéficie, comme tout le monde, du service immortel que sa vision nette de la situation a rendu au pays, en septembre 1914. Il n'est pas moins beau qu'il ait été compris et obéi, sur l'immense front de bataille, par tous ses lieutenants, Sarrail compris. Je n'ai pas l'honneur de connaître le maréchal Joffre, mais tout ce que je sais de lui, confirme l'estime intellectuelle où je le tiens. J'en dirai autant du maréchal Foch.

Je regrette seulement que ni l'un ni l'autre n'ait usé de la dictature de fait que leur conférait leur victoire (en septembre 14 et en août 18), pour en finir avec le régime absurde qui rend leur besogne et la victoire inutiles. La dictature de Joffre, après la Marne, était absolue. Il pouvait faire ce qu'il voulait. On eût acclamé sa résolution politique, quelle qu'elle fût. Il en était de même pour Foch, en août 1918, alors qu'il faisait râler l'armée allemande, et que Ludendorff pleurait en public la reddition sans combat de ses deux meilleures divisions prussiennes. A ces deux dates, le renversement du régime de mort se fût accompli sans la moindre difficulté, et les protestations du cher et vieux Clemenceau lui-même, en août 18, se fussent perdues dans l'enthousiasme général. Car on se rappelait Caillaux, Malvy, Painlevé, *le Bonnet rouge*, les mutineries et le reste. L'esprit de Rome, l'esprit syllanien, a manqué à ces deux chefs de chefs, sans doute à cause de la formation de leur génération, qui leur faisait croire que les armes devaient céder à la toge. Merveilleux bobard ! La Cour de Cassation, violant la loi au bénéfice de Dreyfus, a montré, en 1906, ce que valait la toge. En supprimant (septembre 1899) le 2e bureau des renseignements, la toge de Waldeck préparait l'invasion et la ruine du pays. La toge est lâche ; l'uniforme est serré. S'il s'agit de sauver mon pays, je préfère l'uniforme à la toge... et comment !

Le jour où un haut militaire comprendra, une bonne fois, que la démocratie et l'armée sont deux conceptions et institutions incompatibles, ce jour-là sera beau et brillant. Mais il ne luira

peut-être que lorsque des civils, à une heure
favorable (c'est-à-dire non dangereuse pour la
nation), auront accompli l'œuvre indispensable
au salut définitif de la France. Car ce n'est pas
l'entrée de Joffre et de Foch à l'Académie française qui rétablira chez nous la préséance due
aux militaires, et ils doivent déjà s'en douter
un peu.

Je m'en voudrais d'écrire ici quoi que ce fût
de désobligeant pour nos amis et alliés anglais;
mais enfin, il est notoire que, de 1914 à 1918,
la connaissance intellectuelle de la guerre, une
École de guerre ou de la guerre, leur ont fait
défaut. Ils ont magnifiquement improvisé ce qui
pouvait être improvisé. Ils ont pu constater que
le courage, l'entrain, de superbes qualités spor-
tives, et le déploiement de l'énergie et du « fair
play » ne remplacent pas l'étude et la connaissance des lois qui président au combat, de la
tactique et de la stratégie.

Georges Meredith, le grand romancier anglais,
et un des plus pénétrants observateurs de tous
les temps, je pense, affirmait que la caractéristique du tempérament anglo-saxon (auquel il se
disait étranger, en tant que Gallois) était le
manque complet de prévision. Ce diagnostic s'est
vérifié pendant la guerre. Le roi Édouard VII
avait certainement prévu, comme inévitable, un
conflit, à un moment donné, avec Guillaume II,
qu'il appelait son « valeureux poltron de neveu »;

mais il n'avait organisé aucune grande école
susceptible de former des chefs militaires sur
terre. Sans doute se disait-il que le Conseil des
lords de l'Amirauté suffirait à la défense de
l'Angleterre, en cas d'offensive, ou que l'on déci-
derait, à mesure, ce qu'il y aurait lieu de décider.
Il est admis généralement (les poncifs vont vite
en temps agité, plus vite encore qu'en temps
calme) que l'aide du maréchal French nous fut
infiniment précieuse, dès le début des hostilités.
C'est inexact. Le service que nous rendit l'Angleterre, à cette heure tragique, ne doit pas être
sous-estimé, sous peine d'ingratitude. Mais il fut
seulement maritime. La protection de la flotte
de haute mer annihila l'effrayant travail des
Allemands d'avant guerre en Normandie et à
Diélette, travail que j'avais été le seul à signaler,
avec mon confrère Louis Bruneau, auteur de ce
grand livre : *l'Allemagne en France*. L'appoint
anglais, que commandait le maréchal French,
ne joua presque aucun rôle (et pour cause) dans
la victoire de la Marne.

A quoi tient, non la suprématie, mais ce
manque de prévision des Anglo-Saxons? On en
a fourni plusieurs explications : d'abord l'Angleterre est la mère du parlementarisme; de ce
régime des assemblées, dont la dominante est
l'imprévision. Tout orateur, technique ou non,
entretenant une Chambre, ou un Sénat, une
Chambre des lords ou des Communes, d'un évé-

nement probable, ou quasi certain, mais non encore réalisé, fait l'effet d'un gêneur et d'un utopiste. Je connais cela. Depuis le 7 décembre 1919, je suis monté une dizaine de fois à la tribune, pour signaler le risque d'une nouvelle guerre. Chaque fois, je discernais, dans l'attitude embarrassée de mes collègues, l'ennui que leur procurait, en somme, un tel avertissement. La meilleure des assemblées n'a que deux désirs : rire, ou dormir. Elle tient et participe du club, où l'on dort, quand on ne joue pas ; et du spectacle où l'on vient, avant tout, pour s'amuser. Remettre des décisions de paix et de guerre à de tels organes, c'est confier une serpe, ou un revolver, à un jeune enfant.

Mais surtout l'Angleterre a sur les bras trop de pays, trop de responsabilités lointaines, trop de colonies, trop de complications incessantes, pour prévoir. Son Foreign Office c'est l'univers. Comme me le disait, un jour, un fonctionnaire anglais, fort intelligent : « Si nous devions prévoir les difficultés à venir, nous perdrions immédiatement la tête. Nous avons bien assez des difficultés effectives et présentes. » Ceci rejoint la fameuse définition : l'Angleterre est une île. Le Français appelle intelligence l'art de discerner, avec les conditions d'aujourd'hui, les arrangements de demain. Il se nourrit volontiers de conjectures. L'Anglais appelle intelligence toute vue, même absurde, d'apparence originale; et il ne s'intéresse qu'aux hypothèses cosmiques, démesurées, irréalisables. Wells, qu'en France nous trouvons stupide et plus « dans la lune » qu'aucun de ces personnages, Wells a une situation de prophète en Angleterre.

L'énorme malentendu, pendant entre nous et nos alliés d'outre-Manche, tient fondamentalement à cette différence psychologique de vision. L'Anglais nous trouve agités, fébriles et catastrophiques, alors que nous le trouvons imprévoyant et de courte vue. On dit de nous, à Londres, que nous basons notre politique sur ce qui pourrait arriver en l'an 2000. Nous reprochons aux dirigeants anglais de ne pas voir plus loin que leur nez. C'est pourquoi tout essai de jumelisation politique de nos deux peuples est voué à un échec certain, à une rupture dont les éclats pourraient risquer de devenir blessants. L'amitié vraie ne consiste pas à agir tout le temps de concert; il suffit qu'on s'entende sur l'essentiel, à l'aide de concessions réciproques : *Eadem velle, eadem nolle, ea est vera amicitia.*

Le principal défaut des Anglo-Saxons, c'est la difficulté qu'ils éprouvent à fixer leur attention intellectuelle sur un point donné, leur tendance à la dispersion mentale, d'où dérive leur amour des sports. Chacun a pu remarquer combien il est malaisé de mener une discussion, même intéressante, avec un interlocuteur anglais, dont l'imagination humoristique, baroque, ou rail-

leuse, s'évade pendant que vous lui parlez.
Notez que, personnellement, j'ai horreur des
palabres, des confabulations, et que j'estime
qu'en un quart d'heure deux hommes, qui ne se
connaissent pas, peuvent et doivent épuiser le
sujet de leur entretien. Encore faut-il que ce
quart d'heure soit employé. Mais que de fois
n'ai-je pas reçu, sur sa sollicitation, un journaliste anglais, qui tombait dans le vague, à peine
en ma présence, et semblait n'avoir plus que le
désir de jouer avec moi aux billes ou au ballon,
et de planter là toute affaire sérieuse. Le goût
de l'Anglais pour le thé (qui nous paraît une
boisson assez insipide) tient à ceci que ce fade
breuvage procure un certain éparpillement
euphorique, très favorable soit à la rêverie, soit
au papotage. On a dit que les quatre repas par
jour de nos aimables voisins correspondaient
aux nécessités digestives d'un pays de brume.
C'est une explication à la Taine. J'y vois, moi,
le désir de couper en quatre l'occupation quoti-
dienne, quelle qu'elle soit.

Dans le jeu sportif, au contraire, l'Anglais
devient extraordinairement appliqué, et tenace,
comme si son existence dépendait d'une bille de
golf, ou d'un jet de ballon, ou d'un coup de
raquette. Le même vieux monsieur, si respec-
table, que vous avez trouvé fuyant, léger, sau-
tillant, distrait, blagueur, sur un problème
essentiel de politique, de science, de lettres, de

diplomatie, devient appliqué, tendu, sérieux et même grave, s'il s'est habillé pour le tennis, ou pour le golf. C'est une transformation instantanée. Aussi (en dehors du danger qu'elles présentent pour le maintien de la bonne entente franco-anglaise et de la paix du monde) n'y a-t-il rien de plus comique que ces conférences répétées, où l'interlocuteur anglais, au bout de dix minutes, ne prête plus la moindre attention aux revendications les plus justifiées de son partenaire français. Quand, à la Commission des Réparations, Sir John Bradbury (une espèce de géant, gonflé de rumsteack et d'ale) tapait sur la table, au grand effroi de notre cher petit collègue Dubois, au régime de l'eau et du pain sec depuis sa naissance, il traduisait ainsi son impatience : « Ce petit malingret me répète tout le temps la même chose. Je commence à en avoir plein le dos ! » Quant à cet ahurissant fantoche de Lloyd George, il ne jouait nullement la comédie en conviant Aristide Briand à une partie de golf; plaisir innocent, fort inconnu sur le pré de Toutes Aides, rue d'Orsel et à la Lanterne. Aristide ne connaissait que le « zanzibar ».

Pendant la guerre, et depuis la paix, le service, dit « de propagande française à l'étranger », a organisé de nombreuses conférences londoniennes, afin d'amener les deux nations à se mieux connaître, comme on dit à s'interpénétrer. On sait ce que sont ces conférences; un académicien de lettres, ou de sciences, ou à la rigueur de Sciences morales, ou de Beaux-Arts, va traiter un sujet donné, devant quelques centaines d'auditeurs distraits, et qui ne comprennent pas toujours ce que le conférencier leur raconte. Le résultat de ces allocutions est nul. Les Anglais ont perdu de très nombreux enfants dans la guerre européenne, et leur sang a coulé abondamment avec le nôtre; ce qui crée un fort et tragique souvenir en commun. Mais leur pays n'a été ni occupé, ni dévasté. Leurs femmes n'ont pas été emmenées en esclavage, ni violées. Leurs récoltes n'ont pas été brûlées. Ils écoutent poliment le récit de nos infortunes; mais ils ne peuvent participer aux sentiments de légitime rancune, qui sont les nôtres et seront peut-être plus vifs demain qu'ils ne le sont aujourd'hui; tant la mémoire collective est un phénomène complexe et à éclipses. Ce procédé d'interpénétration, qui est coûteux, me paraît tout à fait inefficace.

Voyez ce qui se passe dans les familles les plus unies, quand on se voit trop souvent, quand on dîne trop souvent ensemble : on se dispute régulièrement au dessert et l'on se fâche pour se réconcilier. On se jette ses défauts et ceux des parents et grands-parents à la tête. On se rappelle avec aigreur de vieilles dettes, d'anciens bienfaits. Or, nous ne sommes même pas, les Anglais et nous, de la même famille et nos points d'incompréhension réciproque, mieux, de friction, sont très nombreux. Dans de telles conditions, dirigeants français et anglais abusent singulièrement des repas de famille. On craint toujours qu'à un moment donné les assiettes et les bouteilles (mille excuses, noble Lord, les carafes) n'entrent en danse.

Ce que je dis ici des Anglais, peut s'appliquer aussi aux Américains, qui ont leurs caractéritismes ethniques, comme nous avons les nôtres; qui ne rient, ni ne s'émeuvent des mêmes choses que nous; dont les intérêts sont différents des nôtres, sur des points essentiels, et parfois opposés aux nôtres. Ils l'ont d'ailleurs parfaitement compris et, depuis l'armistice, ils se sont enfermés dans leur robe d'eau et de sel, sauf lors de la conférence de Washington, où, de concert avec les Anglais, ils ont supprimé, en fait, notre marine de guerre. On sait que (sur la foi de secrétaires et de banquiers qui se payaient sa tignasse) Briand alla, plein de fatuité, à Washington, pour y réconcilier l'Angleterre et l'Amérique... déjà réconciliées sur notre dos. Relisons *l'Huître et les plaideurs*, et méfions-nous des conciliateurs qui ignorent, avec l'orthographe, l'histoire et la géographie.

L'esprit critique est donc peu éveillé chez l'Anglo-Saxon, et il semble qu'il le considère comme un empêchement à la distraction musculaire et au sport, lequel demeure, pour lui, la grande affaire ici-bas, entre deux sermons. Car l'Anglais prêche volontiers, quand il ne joue pas en plein air. Au lieu que le Français, qui bâille au prône, critique le prédicateur. La misère des études critiques publiées, dans les innombrables revues anglaises, sur la littérature française, et même sur la littérature anglaise, est quelque chose de frappant. La critique d'Outre-Manche oscille entre les insupportables et mornes facéties d'un Bernard Shaw, de ses poussiéreux paradoxes, et l'ironie parfois subtile, mais glacée, d'un Chesterton. Chez ce dernier, l'agitation psychologique (qui voudrait bien être métaphysique) ne développe aucune chaleur, et ses arguments, souvent bons, demeurent, je ne sais pourquoi, à l'état de devises dans des papillotes, incomestibles et négligés. Or, c'est par la critique générale qu'on obtient des points de repère, des agrafes intellectuelles, avec les peuples voisins. C'est par la critique générale seule que diminue l'imperméabilité ethnique, que sont forées ici et là les cloisons étanches, entre façon de comprendre et de sentir. La critique générale est une passerelle, étroite mais réelle, au-dessus des frontières de terre et de mer. Sans elle, toute communication intellectuelle est fragmentaire et éphémère.

Certains signes, certains noms permettent d'affirmer que la critique générale est actuellement ascendante chez nous. On signale aussi une reprise du mouvement critique (quelles que soient d'ailleurs les tendances de celui-ci, ou de celui-là) en Italie, en Espagne, voire en Allemagne. Au lieu qu'en Angleterre et en Amérique, je distingue bien des économistes, des théoriciens de finances, des constructeurs de systèmes psychologiques ou philosophiques; mais, sauf plus informé, je n'aperçois aucun critique d'ensemble, aucun esprit cherchant à se dégager des redites et des préjugés, à l'endroit ou à l'envers, ni ayant profité de l'immense expérience sanglante, de l'atroce vivisection.

La critique générale offre aussi l'avantage de balayer (au moins pour un temps) certaines erreurs graves, certaines fausses assimilations. J'en citerai trois, qui ont opéré chez nous des ravages, renforcées par ce que j'appellerai le gouvernement des mots : l'assimilation d'une nation à un organisme, fatalement soumis, après une phase de croissance, à la décrépitude et à la mort. La fécondité de la lutte de classes, et de la lutte des partis, qui en dérive. Enfin, le gouvernement du peuple par le peuple, d'où découle la méconnaissance de la nécessité vitale du chef.

Chapitre VI

DE TROIS ERREURS FONDAMENTALES

On peut dire, de ces trois erreurs, qu'elles ont présidé à la politique de la République française depuis sa fondation dans le désastre de Sedan (4 septembre 70), et son affermissement par Bismarck et son valet génois Gambetta (1871 à 1878), jusqu'à la nouvelle déclaration de guerre allemande, en date du 3 août 1914. La première de ces erreurs, que j'appellerai fondamentale, et qu'ont admise et partagée, comme un dogme, tous les républicains sans exception, dérive de l'utopie du progrès, et de la fausse doctrine de l'Évolution. Elle consiste à assimiler une nation quelconque, et notamment la nation française, à un organisme, animal ou végétal, dont la naissance, la croissance, la décrépitude et la mort échappent à la direction et à la volonté des nationaux. La seconde consiste à proclamer féconde la lutte mortelle des classes sociales, et celle des partis, qui en dérive. La troisième, enfin, non moins nocive

préconise et divinise le prétendu gouvernement
du peuple par le peuple et méconnaît la nécessité du chef.

Tout homme, qui commet une action vile ou
criminelle essaie de la légitimer, à ses propres
yeux, par une nécessité extérieure. C'est ainsi
que Gambetta, décidé à abandonner cette
Revanche, dont il se donnait comme l'apôtre,
alléguait le devoir primordial de sauvegarder
la jeune République (précieuse peste au berceau)
et, comme il disait, « d'être sage », c'est-à-dire
servile. Il n'est sans doute pas un politicien de
la République, depuis sa fondation, qui, sur le
point d'abandonner à l'Allemagne ou à l'Angleterre, une partie du patrimoine ou de l'espoir
français, ne se soit dit qu'il fallait ménager une
vieille nation, arrivée au terme de son destin :
« Jeune homme, la France se meurt, ne troublez
pas son agonie. » Ce mot, —sinistrement historique, — de Renan était dans l'esprit de tous
les malfaisants crétins, échelonnés sur douze
législatures et cinquante ans de démocratie.
Combien de fois, dans le milieu Hugo-Gambetta
où s'est passée mon enfance, puis ma jeunesse,
n'ai-je pas entendu, avec cent variantes, toutes
également lâches, ce propos impie. De Jules
Simon et de Challemel-Lacour à Paul Bert et
de Waldeck et de Lockroy à Naquet, il a été
le « leit-motiv » d'une véritable trahison d'État,
continuée à trouver une série ininterrompue

d'abandons matériels, intellectuels et moraux.

L'assimilation d'une nation à un organisme animal ou végétal est aussi arbitraire que celle de l'homme à un animal. Rien ne l'autorise, ni ne l'appuie. La structure intime d'une nation nous échappe; sa destinée demeure pour nous un mystère, sans rapports avec cette structure. Elle est un vaisseau, flottant sur l'espace et lancé dans le temps; voilà tout ce que nous pouvons affirmer. Toute nation a des hauts et des bas, des éclipses et des renaissances, sans doute; et certaines nations ont disparu. Mais voici, par exemple, la nation romaine, qui, à travers bien des vicissitudes, dure depuis des milliers d'années. La France, bien que de durée moindre, a traversé des simili-agonies, d'où elle est sortie plus vivante et jeune que jamais. Bref, les pessimistes et bourreurs de crânes qui ont inventé cette prétendue loi, apparaissent comme des ignorants infatués, espèce fréquente au XIXe siècle. Les renaissances nationales, par le fait d'institutions meilleures, ou d'un homme de génie, ou de batailles heureuses, ou d'un renouveau métaphysique, ne sont nullement rares. Nous vivons même à une époque où tous les nationalismes récupèrent, en même temps, une singulière acuité, et cherchent leurs chefs politiques aux dépens du système représentatif, considéré un peu partout comme désuet.

La fusion des races diverses au sein d'une

nation est un phénomène mal étudié, qu'on ne remarque en aucun organisme et qui marque profondément la différence. Un organisme ne saurait se renouveler indéfiniment. Une nation le peut.

On ne peut trop admirer la naïveté et la sottise des signataires alliés de la fausse paix de Versailles, qui ont cru pouvoir fabriquer et faire vivre des nationalités artificielles, la Yougo-Slavie, les Tchéco-Slovaques, etc... Ce sont là des expériences de laboratoires, qui n'auront jamais la durée, ni la portée, des mouvements de la vie. Il est à présumer qu'il en sera d'elles, comme de la Société des Nations, qui crée des risques de guerre en surcroît, sans éliminer aucun de ceux qui ont précédé sa fondation. Ne cessons pas de rappeler qu'en cette année 1919 (marquée du signe des catastrophes futures) un maboul authentique, le Président Wilson, a traité l'Europe comme celui qui vissait des pattes de chat sur des corps de crocodile et greffait sur un taureau des pattes de girafe. Une telle insanité n'eût pas été possible avant 1789. Elle est une conséquence de la divinisation de l'homme et du citoyen, qui crée, par le facile ébahissement des foules, des fétiches en chair et en os, périodiques et dangereux. Ainsi des conducteurs de peuples, aucune garantie de bon sens élémentaire n'est plus exigée. En outre, dans les pays démocratisés, le mécanisme élec-

toral décharge ces conducteurs de toute responsabilité.

Avant la presse et ses rotatives, les sottises et les préjugés, politiques et sociaux,
demeuraient parqués et circonscrits dans certains milieux; ce qui rendait leur diffusion plus
lente, moins nocive, et leur extirpation plus
aisée. Mais, avec la presse à grand tirage, une
sottise aussi périlleuse que l'assimilation d'une
nation à un organisme quelconque, devient
rapidement un dogme universel, primaire et
tenace. Du sommet de l'État, à travers les
corps constitués, jusqu'au balayeur et au marchand de marrons, tout le monde répète dévo-
tement la formule absurde. Celui qui ne la
répète pas est considéré comme un arriéré ou
un infirme de l'esprit. La presse à grand tirage,
dirigée et administrée par de simples commis du
régime, ou des faiseurs d'affaires, table sur la
paresse de l'esprit public, et aussi, sur l'apti-
tude des foules inertes à préférer l'irréel et le
contraire du réel au réel.

Le mythe de la nation-organisme une fois
admis, la conséquence est que, quoi qu'on fasse,
« l'évolution » suivra son cours inexorablement.
Alors, le plus simple, pour un « homme d'État »,
n'est-il pas de laisser aller les choses et de s'en
remettre à la circonstance, en gagnant du temps?
En attendant, la prétendue agonie de notre
infortuné pays a été singulièrement troublée par

quatre années d'une guerre sans précédent et
par l'agonie trop réelle, celle-là, de centaines
de milliers de jeunes gens. Naquet, lui, l'effroyable juif Naquet (symbole de sa race des-
tructrice) conseillait à la France de désarmer
devant l'Allemagne armée jusqu'aux dents, et
de se faire ainsi le Christ des nations. C'est aussi
à peu près le thème de ces extravagants qui
s'intitulent démocrates chrétiens et dont ce
fol de Marc Sangnier (un des pires idiots que
j'aie rencontrés) est aujourd'hui le porte-parole.
Attendu que « si aucune nation ne donne, la
première, l'exemple du désarmement, il y aura
toujours des guerres, et la paix éternelle ne
sera jamais réalisée... *Requiem æternam dona
Galliæ, Domine* ». Ainsi marmonne son homicide oraison notre Tartuffe 1923 !

Seconde erreur fondamentale, déjà réfutée par
La Fontaine et la sagesse des nations, précisément : la prétendue fécondité de la lutte des
classes et des clans. Les socialistes prônent la
lutte des classes comme si celles-ci n'étaient
pas solidaires, au sein d'une même patrie. Les
parlementaires prônent la lutte des clans. La
première mène à la guerre civile et à l'invasion,
qui en est la conséquence immanquable. La
seconde use en vaines compétitions le peu qui
subsiste de substance politique, dans un régime
d'assemblées. La lutte des classes a été codifiée,
à l'usage externe, par le juif Karl Marx, méta-

physicien de gogueneau, en Allemagne. Un juste retour des choses d'ici-bas a permis à la mère du socialisme d'en savourer les bienfaits, depuis l'armistice. Il serait beaucoup pardonné au socialisme marxiste, s'il arrivait à dresser les uns contre les autres et à faire s'exterminer entre elles ces peuplades barbares, et méthodiquement laborieuses, qu'aggloméra le prince de Bismarck, conformément aux vues utopiques de Napoléon III.

La thèse funeste de la lutte des classes est sortie chez nous d'abord d'une aberration historique : la théorie des deux races (l'esclavagée et l'exclavageante, la gauloise et la franque) réfutée par Fustel; ensuite du développement industriel, qui a créé une plèbe sans ascension sociale possible, en remplaçant l'atelier par l'usine et le gain, proportionné à l'intelligence et au labeur, par le salariat uniforme. On peut· affirmer que le travailleur d'usine (ou, dans le jargon socialiste, le prolétaire) est le cobaye de la démocratie. C'est elle qui fait de lui un paria, faussement défendu par des meneurs, dont la fortune politique et la fortune tout court s'édifient sur son dos et à ses dépens. L'acceptation du principe meurtrier de la lutte des classes légitime et perpétue la guerre civile et aboutit à la misère générale et à l'invasion. Il est clair que toute expropriation, quel qu'en soit le prétexte, (je songe ici au rapt des biens

dits de mainmorte, effectué de 1900 à 1907)
remettant en cause le droit de propriété, obtient
le même résultat. Également la dictature du
prolétariat, imposée à la Russie invertébrée
par la juiverie internationale. Partout où le
marxisme, fils et successeur du roussisme, exerce
ses ravages, l'herbe de la civilisation ne repousse
plus.

Mais la lutte des classes (théorie et pratique)
est inséparable de la lutte des clans. La seconde
est au terrain politique ce que la première est au
terrain social. Elles s'entr'aident et elles se com-
plètent. Dans le déchirement perpétuel des
partis, qui constitue la République parlementaire, l'opposition, prétendue irréductible, des
intérêts de classe sert d'appoint aux éléments de
gauche, pour combattre l'intérêt national. Périodiquement, la République bourgeoise demande .
au cobaye, à l'ouvrier d'usine, une transfusion
de sang que les meneurs ne refusent pas, contre
quelques sièges de députés. Le plus bel exemple
connu, c'est le compte ouvrier ouvert par
Waldeck-Rousseau en l'honneur de Dreyfus;
et réglé quelques années plus tard, à coups de
fusil, dans la plaine de Draveil-Vigneux. Comment oublier aussi le mot de Briand, me répon-
dant, à la Chambre, au sujet de la Commune :
— « Derrière la Commune, monsieur Daudet, il
y avait la République. » En effet, et aux côtés
de Waldeck-Rousseau, il y avait le général de

Galliffet, qui fusilla les communards sur l'ordre
de leurs frères ennemis, les républicains du
4 Septembre 1870. Les communards n'étaient
que des insurgés. On le leur fit voir. Gambetta
et sa clique étaient des insurrectionnels. Noblesse
oblige !

A l'heure où j'écris ceci, il y a quatre ans que
je siège à la Chambre, assidûment, et que j'as-
siste à la façon dont se font et se défont les
combinaisons ministérielles. C'est un spectacle
plus comique encore que répugnant, en raison
de son contraste avec la gravité des événements
extérieurs. Paris croulerait sous les bombes
allemandes, asphyxiantes et toxiques, que con-
tinueraient, à Bordeaux où ailleurs, les luttes
du clan Poincaré, du clan Millerand, du clan
Briand, du clan Clemenceau ; car, depuis la
guerre, la fiction de l'union sacrée (devenue
une sacrée désunion) ajoute encore un piment
à ces batailles sournoises, implacables, d'une
complication chinoise et raffinée. J'ai vu tel de
mes collègues, homme d'ailleurs fort intelligent,
et presque trop subtil, s'embrouiller dans ses
trames multiples, au point de ne plus pouvoir
s'y reconnaître, et finir par s'y combattre lui-
même, en s'imaginant qu'il combattait Poincaré.

Lutte de clans, comme lutte de classes, repose
exclusivement sur des appétits. La guerre a
rendu ces appétits plus avides et tenaces. Mais
elle a changé les conditions morales et phy-

siques réciproques des milieux sociaux appelés classes.

En effet, la fabrication intensive des munitions a soustrait aux nécessités sanglantes du combat, en faisant hausser leurs salaires dans des proportions inattendues, ces ouvriers d'usines que Jaurès, en roulant les *r*, englobait révolutionnairement sous l'étiquette de « prrrolétairrres ». Il est entendu que, pendant la guerre, tous les Français ont fait leur devoir. Il est entendu aussi que le tourneur d'obus était aussi indispensable que le combattant. Mais il n'en est pas moins évident que l'ouvrier d'industrie s'est moins exposé que le bourgeois, que le paysan, ou que le ci-devant aristocrate. S'étant moins exposé, il s'est moins aguerri; et, s'étant moins aguerri, il est devenu moins redoutable, en tant que révolté ou qu'insurgé (style Vallès) aux yeux des fils des champs, ou du bureau, ou du rentier, qui pendant quatre années, ont vécu dans la boue des tranchées, pour quelques sous, avec le régal quotidien de la mitraille de tous calibres. Cette crainte des muscles de Populo, de sa fureur et de ses piques (comme dans les estampes de 1792) dont jouaient habilement les Millerand, les Viviani, les Jaurès et les Briand, entre 1890 et 1914, cette crainte fructueuse a fondu dans les flammes de la Marne, de la Somme et de Verdun. La classe redoutable désormais (si l'on parlait classes) c'était la classe moyenne et rurale. Ce phénomène, qui n'est pas spécial à la France, a fait le fascisme italien, imitation des Camelots du Roi, et qui a triomphé, comme l'on sait.

Ainsi se trouvait déjoué, de la façon la plus inattendue, le calcul ignoble et manifeste d'un Albert Thomas, continuateur de Jaurès, de Thomas pitre sinistre et redoutable cuistre, tablant sur le massacre, par la guerre, des paysans et des bourgeois, et sur la survivance des ouvriers révolutionnaires. Il est bien sûr que, dans le pourcentage des morts, bourgeois et paysans viennent en tête, à une belle longueur. Mais ce qu'il en reste a forcément un autre cran et un autre mépris du danger que les syndicalistes révolutionnaires, demeurés à l'abri par la sélection du citoyen Thomas. Si les révolutionnaires de la région de Paris, de Brest, de Marseille, etc... n'avaient pas eu à leur disposition, en 1919, en 1920, 1921, 1922, 1923, l'administration préfectorale et la police politique (véritable Tchéka de Paris) empressés à donner le change sur la réalité que j'expose ici, la farce du 1er mai, par exemple, et la courte poussée communiste d'après-guerre, auraient fondu depuis belle lurette sous les poings conjugués des enfants de la bourgeoisie et de la paysannerie. Du moment que l'on employait l'argument musculaire, la supériorité musculaire avait indubitablement changé de camp.

Ainsi se gâchait le métier fructueux de politicien révolutionnaire, converti à la paix sociale par l'attribution d'un portefeuille, métier dont un Briand, un Viviani sont demeurés les prototypes. La farce de ce que j'ai appelé Croquebourgeois ne prenait plus. Le retour aux attentats anarchistes est une preuve manifeste de l'incapacité des révolutionnaires à réussir désormais une action de foule à Paris. Depuis l'armistice, *l'Action française* a mené, on peut le dire, la démocratie radicale et la démagogie révolutionnaire tambour battant. Il n'est pas venu à ces rudes lapins, et pour cause, l'idée de donner un assaut en règle à notre journal et aux Camelots du Roi. Ils se sont contentés de mobiliser contre nous un élément anarchiste qui assassina Marius Plateau d'abord, puis mon petit garçon, Philippe Daudet.

D'autre part, les gains importants réalisés par les cultivateurs, au sortir de la guerre (fort légitimes d'ailleurs, eu égard aux formidables sacrifices consentis) amenaient, par le mécanisme de l'épargne et d'une instruction élargie donnée aux enfants, une ascension sociale et intellectuelle, extrêmement rapide. En cinq ans, les jeunes paysannes sont devenues de très beaux partis, que ne méprisent plus les messieurs huppés de la ville. Cependant que les jeunes paysans aspirent et atteignent aux grandes écoles et Facultés. La bourgeoisie reçoit

ainsi un sang nouveau, qui s'ajoute à son entraînement militaire, pour faire d'elle un rempart
inexpugnable aux théories de Karl Marx.

La doctrine salutaire et rénovatrice de Maurras est arrivée à point, pour ensemencer ce
terrain favorable et lever en bataillons réactionnaires, comme n'en a point connu chez nous le
XIXe siècle. Car, au XIXe siècle, crevé par les
batailles napoléoniennes et révolutionnaires,
comme aujourd'hui par les batailles démocratiques, le bourgeois s'imaginait que c'était la
révolution, ou le libéralisme son compère, qui
avaient raison. Il sait aujourd'hui que la révolution est une peste virulente, dont le libéralisme est le germe et le véhicule. Cela crée un
autre état d'esprit.

Ce qui continue à abuser une partie du public
naïf, qui croit à la force révolutionnaire, c'est
le nombre des voix obtenues par les rouges dans
plusieurs consultations électorales. Telle est
l'illusion du suffrage universel. Il fait prendre
les vessies pour des lanternes, et le troupeau
des votants pour des émeutiers. L'Italie de
Giolitti tremblait aussi devant les majorités communistes, qui commençaient à terroriser les villes
et les campagnes, en 1919 et en 1920, quand,
avec une cinquantaine de camarades résolus,
Mussolini commença la lutte qui devait, en
deux ans et demi, lui donner la victoire. Si la
France avait connu le giolittisme, la réaction

eût été, plus promptement encore qu'en Italie, maîtresse absolue de la situation. C'est qu'en effet, chez nous, les circonstances sont encore plus favorables que chez nos voisins, et Bainville a parfaitement raison de définir la France le pays le plus réactionnaire du monde. A Paris, il suffirait d'une étincelle. Les révolutionnaires le comprennent si bien qu'aux funérailles de notre héros et martyr Marius Plateau — inoubliablement célébrées au milieu d'un immense concours de patriotismes, le 27 janvier 1923 — tous ces bravaches des trois internationales et autres « moscoves » s'étaient terrés et barricadés chez eux. Pour aller de l'église du Gros-Caillou au cimetière de Vaugirard, le cortège funèbre, d'un ordre, d'une tenue, d'une discipline sans précédent, traversa des rues étroites et un quartier considéré comme propice à un coup de main. Sur le long parcours, il n'y eut pas un murmure, et pour cause : les Camelots du Roi étaient là, frémissants, exaspérés par cet horrible crime. Ah ! s'il n'y avait pas eu la jeune occupation de la Ruhr et le service impérieux de la Patrie !...

L'annexion de la paysannerie à la bourgeoisie apparaît comme d'autant plus prompte et aisée que le même phénomène ne se produit pas, dans le monde des travailleurs d'usines, en dépit de gains également élevés. Cela tient à ce que, dans les syndicats révolutionnaires, où l'on fait croire aux adhérents que le capital est destiné à disparaître demain, l'épargne n'est pas en honneur. Les meneurs du prolétariat opèrent, pour eux-mêmes, et en sous-main, de bons placements. C'en fut un que l'entrée d'Albert Thomas à la Société des Nations, aux appointements de 300.000 francs par an (20.000 dollars). Mais ils persuadent à leurs dupes que le fait d'épargner est un crime et qui, au Grand Soir, sera puni. Cette sinistre blague (vu la docilité des milieux ouvriers) a mis un obstacle dirimant à l'ascension sociale des syndicalistes non catholiques. Car chez les syndicalistes catholiques, bien entendu, la conception familiale, et donc antirévolutionnaire, prédomine sur la conception individualiste. Il en résulte, que, pour des milliers d'habiles travailleurs et de braves gens, abusés par quelques farceurs, la vie est, en fait, une impasse sans ouverture sur l'avenir; l'enfant demeurera, comme son père, un ouvrier, et ne connaîtra pas cette instruction plus complète qui, l'arrachant à la chimère, lui ouvrirait toutes les possibilités sociales.

La grande réforme est là, non ailleurs. Il faut apprendre au serf de l'illusion révolutionnaire, au syndicaliste égaré et ignorant, que le capital et la propriété sont de grands bienfaits, qu'il ne doit pas chercher à les détruire, qu'il doit chercher à les acquérir, et à les per-

fectionner. Mais cet enseignement, appuyé
d'exemples, ne peut lui être donné que par
l'État, et par un État paternel, avec de légitimes
améliorations à son sort uniforme et rude. C'est
ainsi que la fameuse question sociale, qui a fait
couler des tonnes d'encre vaine, principalement
sous la plume des libéraux (les plus antisociaux
des hommes) se ramène à une question politique,
dans le cadre de la nation. Le châtiment des
meneurs doit aller de pair avec le relèvement,
national et moral, du prolétariat.

Et voici la troisième erreur fondamentale,
qui est en train de s'effacer sous l'estompe de
la guerre, comme les deux précédentes; le
gouvernement du peuple par le peuple.

Tout d'abord, il n'y a pas de *peuple* au sens
romantico-révolutionnaire du mot, qui signifie
une immense assemblée de pauvres hères,
réunis en cercle autour de quelques richards
terrifiés. Cette estampe-là aussi est une blague,
dont usa et abusa, avec Michelet, Hugo, et, à
leur suite, tout le xixe siècle, flanqué du début
du xxe. Il n'y a pas de *peuple*, comme dans les
romans de ces verbeux hallucinés. Il y a des
familles, des métiers, des travailleurs, groupés
ou isolés, dont les intérêts sont divers, et les
capacités variées. Sur ces familles, sur ces
métiers, sur ces travailleurs, planent un certain
nombre de questions générales, exigeant une
connaissance, une culture, une hérédité, qui

émondent les erreurs reconnues telles et amendent ce qui peut être amendé. Cette réalité, si simple, a cependant été méconnue par l'illusoire institution du suffrage universel, où les citoyens sont appelés, individuellement, à se prononcer, par l'élection de personnages dont ils ignorent tout, sur des questions dont ils ne savent rien. Il est clair qu'une machine, montée dans ces conditions, ne saurait donner que du vent et, dans les crises nationales, que des dégâts.

La conception du suffrage universel, conception de nègres ou de négroïdes fétichistes, est vieille comme la boue, et n'a pu être prônée comme un « progrès », par les encyclopédistes fols, qu'en raison de leur fabuleuse ignorance. Tous les politiques constructeurs du monde antique, notamment à Athènes et à Rome, se sont efforcés de tourner, ou de supprimer de front, cette votation barbare et contraire au bon sens. Autant consulter en effet le sable et l'ouragan, ou faire mettre en délibération, par une multitude, la construction d'une montre, d'un bateau, d'une simple charrue. Les gens ne savent pas de quoi il s'agit : ils écoutent, sur l'Agora ou le Forum, ceux qui crient le plus fort et qui promettent davantage. Aristophane a tiré, de cette énorme bourde, des effets comiques. Les temps modernes en ont tiré des cataclysmes tels que la guerre, l'invasion, l'occupation indéfinie, l'émeute, la guerre civile, etc..., etc... Le problème du suffrage universel, c'est celui de la cohue contre le bon sens, du mirage contre la réalité, de l'esprit de suicide (qui anime toujours la masse ignorante) contre la conservation. A certaines époques, le peuple français, abruti par de grandiloquents charlatans, a tenu au suffrage universel; il en semble fort détaché aujourd'hui. Je pense que l'extirpation de cette bourde dangereuse ne le ferait même pas crier, à condition que cette extirpation fût prompte, complète, et que le remplacement par les suffrages professionnels, provinciaux, familiaux (les seuls valables) eût lieu avec quelque solennité et musique préalables.

Il n'y a d'ailleurs qu'à voir ce qui se passe au moment des élections, partielles ou générales. Les abstentionnistes sont nombreux, et de plus en plus nombreux. On a beau répéter aux électeurs que leur devoir est de voter et de bien voter, pour de bons et sages candidats, les électeurs se moquent de ces sermons, et vont se promener, au lieu de déposer leur bulletin dans l'urne. Le grand fétiche ne les impressionne plus. Ils se rendent compte, obscurément, qu'on les appelle à délibérer sur des affaires où ils n'entendent goutte; alors que, sur ce qu'ils comprennent et connaissent, on ne leur demande pas leur avis. Plus les modes

de scrutin deviennent compliqués, comparti-
mentés, chinois, hérissés de calculs, d'additions,
de soustractions, de divisions, plus ce rite démocratique apparaît comme lointain et funambu-
lesque. Il y a de quoi mourir de rire, quand on
entend un orateur déclarer que le scrutin de
liste, par exemple, substitue les idées aux personnes, et les vastes programmes aux mesqui-
neries. Quelles idées? Quels vastes programmes?
Au temps honteux qui précéda la guerre, le
souteneur-policier Aristide Briand se tailla un
succès auprès des imbéciles, en appelant scrutin
de « mares stagnantes » le scrutin d'arrondisse-
ment. De même le borgne bismarcké Gambetta
avait parlé de « miroir brisé ». Or l'erreur fondamentale du système n'est pas dans tel ou tel
mode de votation; il est dans le principe même
du suffrage universel, individuel, remplaçant
le suffrage professionnel, corporatif, du suffrage
par tête (de célibataire), remplaçant le suffrage
par ordres et groupements.

Non seulement il n'y a pas de « peuple ».
Mais encore il est très rare qu'un homme sache
se gouverner lui-même, s'il n'est pas guidé et
soutenu par une raison et une volonté excep-
tionnelles; il est sans précédent qu'un peuple
ait pu ou su se gouverner, s'administrer, se
préserver des menaces qui l'environnent. La
masse aveugle écoute toujours ceux qui lui
disent que ces menaces n'existent pas, qu'elle

travaille trop, qu'elle est victimée par les nobles
et les jésuites, que les princes sucent le sang de
leurs sujets, etc... Elle écoute surtout ceux qui
lui conseillent l'oubli, l'incurie et l'inertie, avec
le sommeil. Toute foule humaine a hâte de
perdre l'humain et de retourner à la matière
par les voies les plus rapides. Les derniers républicains (comme Raymond Poincaré par exemple,
ultime spécimen du démocrate patriote, ou
nègre blanc) s'en rendent si bien compte qu'ils
ne cessent de chercher, dans des discours nourris,
et souvent excellents, à réveiller leurs compatriotes, en leur rappelant la guerre, les deuils,
les exactions des Boches, etc... Il est émouvant
de voir de tels efforts, en vue d'éclairer cette
hydre à milliers de têtes, somnolente et aveugle,
qui est le suffrage universel.

Les révolutionnaires, leurs meneurs surtout,
ont usé et abusé de la menace populaire, et fait
parler le prétendu « peuple » comme, à Guignol,
le castelier fait parler la poupée de bois. Ils ont
été aidés, dans cette besogne, par les semi-révo-
lutionnaires aujourd'hui radicaux, hier oppor-
tunistes, qui menaçaient, eux aussi, de la colère
de Populo, les pusillanimes conservateurs, et
libéraux d'alors. Cette panique (d'où est sortie
reviviscente, la pratique du suffrage universel)
date des célèbres journées des 14 juillet, 10 août,
5 et 6 octobre, etc..., où la police politique pro-
anglaise d'alors (comme elle est maintenant

proallemande) livra la monarchie à l'anarchie, et l'œuvre séculaire des rois de France aux meurtrières absurdités du genevois Rousseau. Mais le bon roi Louis XVI était bien incapable d'ordonner ces répressions rigoureuses, et fusillades implacables d'émeutiers, dont usèrent avec tant de brio, depuis lors, un Carnot, un Cavaignac, un Thiers, un Clemenceau, républicains auxquels on ne *la* fait pas et qui savent ce que réprimer veut dire. Du reste, ces amis du peuple jouaient sur le velours : le « peuple » abstraction inorganique, concrétisé de temps en temps en cohues vociférantes par le moyen de l'or étranger, le « peuple » ne garde la mémoire de rien.

J'étais bien jeune quand Gambetta, qui se croyait le maître de l'heure, fut hué et sifflé, à Belleville et à Charonne, par le gouailleur public parisien, auquel ses blagues et harangues (derrière lesquelles perçait le casque bismarckien) n'en imposaient plus.

J'étais bien jeune, mais je me rappelle la comique fureur et le désespoir du tribun (cabotin de la Défense nationale, qui avait désorganisé la Défense nationale et perpétré le 4 Septembre) quand il perdit cette popularité foraine, de laquelle il tenait ses branlants pouvoirs. Il en avait, comme on dit, les foies retournés. Il avait menacé les « esclaves ivres » (du vin desquels il s'était gargarisé) de les poursuivre

« jusqu'au fond de leurs repaires ». Un rire homérique lui avait répondu. Pendant huit jours, l'infortuné tendit le poing à ces adversaires invisibles, maudissant ce qui n'était après tout que son idole : le suffrage universel; et il criait, devant sa maîtresse, l'ex-policière Léonie Léon (qui l'avait conduit à Varzin) et ses serviteurs épouvantés : « J'irai plus loin que Galliffet !... j'irai plus loin que Galliffet... » Les impressions de jeunesse sont vives. Désormais, quand il fut question devant moi, du suffrage universel, je me représentai toujours le Génois chevelu et barbu, à tête de robinet de bain, hurlant au massacre des électeurs impies qui avaient interrompu ses topos !

C'est pourquoi son cœur (conservé dans l'alcool) doit bien faire, au Panthéon, à côté de la dépouille de Zola, peintre de ces foules vengeresses que Gambetta dupait, et que l'un et l'autre divinisaient, en les redoutant et les haïssant. Ce dépotoir du Panthéon désaffecté, c'est le suprême effort de la République pour essayer de faire quelque chose avec rien. Je renvoie ceux auxquels un tel jugement (trop bénin) semblerait sévère, au grand ouvrage documentaire de Dutrait-Crozon, paru à la même librairie que celui-ci, *Gambetta et la Défense nationale*, et qui semble une évocation de Swift, interpolée avec une étude de Fustel de Coulanges. Dans le placard où, au jour de la revanche française à l'intérieur, il faudra bien se résigner à reléguer, côte à côte, la légende de Gambetta et les restes de Zola, on mettra : auprès du premier, l'ouvrage de Dutrait-Crozon ; auprès du second, un exemplaire allemand de la *Débâcle*, avec le frontispice représentant un uhlan foulant un soldat français. Ainsi double justice sera faite.

Mais attention ! S'il n'y a jamais eu, s'il ne peut y avoir de gouvernement du peuple par le peuple, il y a intrusion de l'or étranger à la faveur de cette fiction. Depuis l'institution de la démocratie, alternativement, la cavalerie de Saint-Georges, comme on dit, par le vent d'ouest, et le mark or, par le vent d'est, sont tombés par le travers de nos très pénétrables institutions, et ont corrompu les politiciens issus du suffrage universel. Les politiciens et les policiers qui font le lit des politiciens. Ceci pourrait être la matière de plusieurs volumes, dont le Panama constituerait le préambule, l'affaire Dreyfus le corps, et les affaires de trahison de la guerre européenne la conclusion. L'intérêt d'un tel ouvrage rétrospectif serait purement théorique. Car, en démocratie, l'indignation populaire, elle aussi, est un souffle vite retombé, et qui n'a jamais abouti à aucune véritable sanction. Plus je réfléchis, et plus à la formule gambetto-révolutionnaire du gouver-

nement du peuple par le peuple je suis tenté
de substituer celle-ci : la duperie du peuple par
le peuple. Mais il est des farces tragiques, d'un
calibre si gigantesque qu'elles ne font plus rire,
ni pleurer ; comme ces courants électriques si
formidables, qui traversent impunément l'organisme humain.

Chapitre VII

LA MACHINE A PERDRE LE TEMPS

Vous l'avez deviné : c'est le Parlement, Chambre et Sénat. Il est bon et utile d'en être, précisément pour faire la démonstration du vide de cette institution, non du dehors, mais du dedans. Le jour où une trentaine de Camelots du Roi siégeront à la Chambre des députés sera un jour vraiment national, un jour à marquer d'une pierre blanche; car le parlementarisme démocratique aura vécu. Ce sera une forme de cheval de Troie. Le règlement essaiera bien de les enchaîner, mais (autre souvenir historique) il y aura le précédent de Samson, et les colonnes du temple des mots ne sont plus solides.

Je ne connais le Sénat que de la barre des témoins. J'ai déposé à la Haute-Cour, en juillet 1918, dans l'affaire Malvy, affaire de haute trahison, qui fut réduite, — en dépit du procureur général Mérillon, ferme et clairvoyant, — à une inculpation de forfaiture. J'ai déposé publiquement et à huis clos. Lors d'une de ces

séances de huis clos, cet ahuri de Paul Prudent
Painlevé fit rire les sénateurs aux larmes par
l'empatafouillis de ses déclarations. Il avait l'air
d'un paquet de cheveux, aux yeux ronds,
tombés dans un plat de macaroni. Je dus me
cramponner à la barre pour ne pas tomber de
rate désopilée, en dépit de la gravité des circonstances; et tous les juges improvisés se
tenaient les côtes, en cabossant celles de leurs
voisins.

Chaque fois que je me suis retrouvé en présence
de cet académicien de bonheur, ce fut la même
chose, et jusqu'au hoquet. Il est seulement
fâcheux de songer qu'un pareil fantoche ait été
président du Conseil et ministre de la Guerre,
au moment de l'offensive d'avril 1917, qu'il fit
sinistrement échouer.

La Chambre, je la connais bien, vu mon assiduité à ses séances. C'est un endroit très intéressant (Painlevé compris) pour un observateur
et un « psychologue, mon âmi » comme dirait
Drumont. C'est une sorte de club, complètement séparé du reste du pays par un ensemble
de règlements habiles, de conventions bizarres,
de préjugés, de précédents, comparables à
autant de fils barbelés. Un club agité périodiquement de soubresauts imprévisibles, qui met-
tent aux prises des intérêts puissants, et quelquefois vitaux. Les personnalités, qui composent une telle assemblée, ne sont en général

ni très supérieurs, ni fort inférieurs à la bonne moyenne de leurs concitoyens. Sortie du tumulte de la grande guerre et de la joie hélas mal fondée, de la victoire inutilisée, la Chambre du 16 novembre était exactement l'opposée de la Chambre de trahison de mai 1914, où dominaient Caillaux et Malvy. Elle aurait pu, avec sa majorité incontestablement réactionnaire, accomplir une besogne excellente, en fichant par terre toutes les ordures notablement anticléricales et notoirement antinationales, élaborées par les cabinets Waldeck, Combes, Rouvier, Sarrien, Clemenceau, Briand, Monis, etc... Elle aurait pu faire de l'irréparable, et du meilleur, en mettant en accusation Briand pour sa gestion criminelle de 1921; relever la natalité française, en supprimant le divorce; et en nettoyant les napoléoneries du Code civil; instituer la part du combattant, vainement réclamée par Maurras, défendue, avec une magnifique éloquence, par Xavier de Magallon; faire rendre gorge aux grands voleurs de la guerre. Et que d'autres bonnes choses il y avait à enlever de vive force *(violenti rapiunt)* sur les ailes de la droite et du centre droit.

Cette besogne positive n'a pu être accomplie, en raison de la docilité, vis-à-vis du Chef du cabinet (quel qu'il fût) et du respect humain, qui retenaient nos timides et timorés collègues. Ils n'ont pas su être ce qu'ils étaient, ni accom-

plir, vigoureusement et allègrement, ce pour
quoi leurs électeurs les avaient envoyés au
Palais Bourbon. En vain, les 17 ou 18 royalistes
avérés, dont j'étais, ont-ils essayé de faire lever
cette pâte, cette bonne pâte un peu lourde, de
donner du ton et de la couleur à la palette. Nos
efforts les plus tenaces se sont heurtés à un
ensemble de poncifs et de psittacismes, qui ont
empêché les grands résultats.

Au moins, avons-nous empêché aussi les
erreurs trop immédiatement redoutables, le
service d'un an seulement par exemple; la
prolongation du cabinet Briand, qui menait
le pays au gouffre ; l'inflation fiduciaire et
monétaire, le prélèvement sur le capital, et
autres folies du même ordre radical et socialiste. Par-dessus tout cela, et d'une façon plus
générale, la droite de la Chambre (qui était sa
partie la plus active, contrairement aux législatures précédentes) a exorcisé cette crainte des
hommes de gauche et de leurs rodomontades,
qui pesait si lourdement sur nos prédécesseurs.
Quand ils ont voulu couvrir nos voix, nous
avons crié plus fort qu'eux. Quand ils ont joué
de la grossièreté, nous les avons dépassés en
invectives. Surtout, nous nous sommes copieu-
sement fichés d'eux, de leur inconséquence, de
leur ignorance, de leur infatuation. Mais, en
même temps, nous avons su discerner et ménager
les quelques bonnes initiatives, les quelques

talents réels, les quelques sincérités qui se trouvaient de ce mauvais côté. Enfin (et c'est l'essentiel) la droite a su montrer qu'en toutes circonstances, elle savait sacrifier ses intérêts immédiats à l'intérêt général et ses ambitions les plus légitimes à la cohésion réactionnaire.

Certains hommes du centre, libéraux, froussards, redoutant toujours les éclaboussures des querelles et grandes controverses, nous détestaient plus cordialement encore que ne nous détestaient les socialos. Tantôt, nous faisions semblant de ne pas nous en apercevoir, ce qui est encore le plus simple, dans le coudoiement quotidien. Tantôt, d'une bonne bourrade, nous nous débarrassions, — jusqu'à la prochaine occasion, — de ces cloportes et poux de couleur. Laurent Bonnevay, espèce de Tartuffe à favoris, que nous avait délégué la charmante Tarare (considéré comme l'as de l'Entente Arago) faussait la perspective politique, en recueillant, des mains sales de Briand, un portefeuille de Garde des sceaux. Je ne savais comment nous débarrasser de ce gluant et en débarrasser son groupe, où il jouissait (ne sais pourquoi) d'un certain prestige. Un jour que je me trouvais à côté de lui, il fit un pet, puis deux, puis trois; et comme, incommodé par l'odeur, plus encore que par le repérage du son, je fuyais vers le saule de Galatée, j'appris que mon Laurent était pétomane, tel un personnage de Zola. Ce me fut, si l'on peut dire, un trait de lumière, encore qu'un tel gaz ne soit pas phosphorescent.

Et qu'en sort-il souvent?

Du vent.

Je m'acharnai sur Bonnevay, jusqu'à ce qu'il fût devenu un objet de moquerie, et dès lors, parfaitement inoffensif. La besogne m'était rendue facile par la solennité du personnage. En général, dans une assemblée, le rire est plus efficace que l'indignation, qui, n'étant que rarement tragique, devient très rapidement comique. Un des meneurs du parti communiste, qui a une tête pareille à celle d'un veau, avec une voix de bœuf, du nom de Cachin, nous a donné le spectacle burlesque d'une irritation, comique et creuse, poursuivie, sans interruption, pendant quatre ans. Le pauvre gars ne comprenait pas que la monotonie de cette ire perpétuellement tendue, décourageait, puis ensommeillait, ceux-là mêmes qu'elle aurait voulu pulvériser.

Le régime auquel nous les soumettions parut d'autant plus dur aux hommes de gauche que, dans les vingt années précédentes, ils avaient été les maîtres de la Chambre, et, par elle, du pays; commençant par supprimer le deuxième bureau des Renseignements militaires (septembre 1899) et par exiler les congrégations; fourrant leur argent dans leurs poches et dans celles des liquidateurs de bagne. Finissant par amorcer, à l'aide de fiches de mouchardage-trahison, une hécatombe de 1.700.000 morts. Qu'on leur remît sans trêve le nez dans leur œuvre homicide, voilà ce qu'ils croyaient ne pouvoir tolérer, et ce qu'il leur fallut tolérer, et ce qu'ils devront encore tolérer, jusqu'au jour où ce régime, dont ils vivent, aura cédé la place à la dictature nationale et au roi.

J'ai déjà eu l'occasion d'expliquer ailleurs, dans une série de portraits, de mes collègues, qu'il est faux de dire que les députés ne fichent rien. Il y a, sur 200 députés assidus (la tête de la classe) une centaine de députés qui travaillent beaucoup, suivent les commissions, rédigent des rapports et des projets de lois, compulsent les archives, etc... Louis Marin, député de Nancy (quel charmant homme !) est un des plus grands travailleurs que je connaisse. Comme Maurras, il abat ses dix-huit heures de besogne dans la journée, et on l'aperçoit toujours écrivant, ou à la bibliothèque, ou courant, une serviette sous le bras, vers le bureau et la Présidence. Il publie ainsi, chaque année, une dizaine au moins de travaux techniques du plus vif intérêt, dont il ne reste que peu de choses (après le crible des discussions) dans une législation si touffue qu'elle est ignorée et inappliquée. Autre laborieux effarant, bien que d'un autre ordre; Charles Dumont, qui fut rapporteur du budget en 1920, parla, répliqua, conclut, sans discontinuer pendant trois mois, avec une érudition jamais à court, et un bon sens égal à son érudition. En sortant de là, on savait de quoi se composent les chapitres d'un bugdet; il est vrai que Dumont a été professeur, qu'il est agrégé de philosophie, et aussi calé en finances que Loucheur l'est peu. Du moins, quand Loucheur parle, — et d'abondance, — il est impossible de suivre le fil chatoyant de sa trop brillante, mais inconsistante argumentation. Il a toujours l'air d'expliquer le système de Law, ou la composition de la poudre de perlinpinpin. Au lieu qu'avec Dumont on sait tout de suite de quoi il s'agit et où l'on va. Il reste clair et concret en parlant chiffres, en discutant sur cette poussière d'or-papier que sont devenues, depuis la guerre, les finances publiques.

En arrivant à la Chambre, je me figurais que les gouvernants s'expliquaient parfois devant les députés, leur racontaient ce qu'ils projetaient, ou ce qu'ils avaient fait. Je m'aperçus bientôt de mon erreur. J'ai voté successivement, comme un bon bougre, pour ou contre Millerand, pour ou contre Leygues, toujours contre Briand — parce qu'il est un dégoûtant et un menteur — et pour Poincaré, dont je désapprouvais du reste la politique intérieure, absurde et dangereuse à mon gré. Mais la France d'abord, Millerand est quadrangulaire, au physique comme au moral, peu éloquent, pas mauvais homme, appliqué, parfois borné, parfois ouvert.

C'est un fait qu'il ne nous a jamais dit un mot
de ses tractations de Spa, de Boulogne, dont les
résultats furent nuls. Leygues, excellente tripe
d'homme, comme disait mon père, mais sans
plus de cervelle qu'un poulet de grain, faisait
des ronds de bras et ne fournissait aucun ren-
seignement. Aristide Briand parlait, pendant
des heures, d'une voix de velours chaud et duve-
teux, sans savoir manifestement un seul mot
des manigances compliquées, et vaines ou
nocives, où l'entraînait ce diable cornu de Lloyd
George. Il récitait la leçon de Philippe Berthelot, secrétaire général des Affaires étrangères. Avec Aristide, vu les obstacles du règlement, quand il s'agit d'un président de Conseil
(et quel président !) je n'ai jamais eu qu'un procédé, s'il se fichait trop visiblement de nous :
la moquerie. La blague méprisante est ce qui
déconcerte cet individu.

Seul, Raymond Poincaré (et ceci est à son
éloge) m'a paru fournir à ses collègues les renseignements et précisions auxquels, d'après la
constitution, ceux-ci ont droit. Lui, au moins,
sait ce dont il parle, tient un langage parfaitement clair, et poursuit, en Lorrain tenace, les
buts de l'intérêt français. Enfin, il s'est affranchi
de la crainte de la mort violente, crainte qui,
dans nos temps troublés, paralyse plus de gens
qu'on ne croit. Quelqu'un me disait de Briand :
« Il ne désire plus être président du Conseil,

« ou ministre, que pour avoir la police à sa dis-
« position et à sa surveillance. Depuis l'assas-
« sinat de Plateau, qu'il ne souhaitait pas (c'était
« de vous, Daudet, qu'il eût désiré être débar-
« rassé), et où il se sent morveux, il crève litté-
« ralement de peur. » Exacte ou non, quant au
fait précis, cette interprétation est vraie dans
l'ensemble. Où donc ce défibré puiserait-il la
fermeté morale que comporte, depuis les vio-
lences de la guerre, toute situation de chef?

Ce n'est pas à la médiocrité, ou à la méchanceté des parlementaires, pris individuellement,
ou en groupe, que tient l'inefficacité de la
machine, empruntée par les descendants des
révolutionnaires (faussement assagis en libéraux)
aux Anglo-Saxons. C'est aux rouages mêmes
de la machine. Une chose m'étonne : c'est que,
si parfaitement contraire à notre esprit national,
cette machine ait pu fonctionner pendant tant
d'années, bien qu'avec des intermittences. Ses
vices sont si manifestes et ses méfaits si patents,
surtout depuis dix ans ! Mais voilà : les hommes
réunis aiment à perdre leur temps, en s'imaginant qu'ils font quelque chose, en se donnant
de l'importance.

Un de nos collègues les plus subtils, et aussi
les plus érudits, de la Chambre du 16 novembre,
est assurément M. Georges Mandel. Il est même
beaucoup plus fin et meilleur psychologue que
son ami M. Tardieu, qui n'est certainement

pas un sot et critique bien ce qui n'est pas son
œuvre. Cependant, pour M. Mandel, la déchéance
indiscutable du parlementarisme tient seulement à ceci : qu'il est faussé et mal utilisé.
Selon lui, nous n'avons pas le vrai parlementarisme, le parlementarisme idéal, qui aurait été
celui de Thiers, de Guizot, etc... Nous discu-
tons quelquefois là-dessus à perte de vue, dans
les loisirs que nous donnent les scrutins. Or, je
soutiens, contre lui, que le parlementarisme
n'est à peu près tolérable et inoffensif, au contraire, que quand il devient une foire, une mêlée,
une espèce de Convention, où l'on « se soûle,
on se tue, on se prend aux cheveux », comme
dans le poème de Baudelaire. C'est quand il est
guindé, solennel, rituel, qu'il devient (M. Eugène
Pierre me pardonne !) le plus dangereux. Je ne
redoute pas sa bagarre. Je redoute la confec-
tion de ses lois. La première n'est que specta-
culaire. La seconde compromet gravement,
selon moi, les intérêts vitaux du pays.

La preuve la plus directe et la plus nette
de la nocivité (et non pas seulement de l'inu-
tilité) de la Chambre et du Sénat a été
fournie par leur disparition spontanée, au
moment de l'extrême péril national. J'ai conté
cela dans *l'Hécatombe*. Qu'est-ce qu'une institution qui s'effondre, quand le sort de la Patrie
est en jeu ! Si le grand papa Joffre avait maintenu sa dictature pendant deux années, au lieu

de laisser revenir les parlementaires, nous eussions sans doute gagné la guerre en 1916; car il n'y avait aucune raison pour que l'excellent homme n'acceptât pas, à un moment donné, les conseils de Foch, comme il avait accepté ceux de Gallieni. Le parlement radical-socialiste des effroyables élections de mai 1914, une fois rentré, s'est ressaisi. Il a découragé, usé, tué Gallieni. Il s'est débarrassé, en un tournemain, du naïf général Lyautey. Il a sonné l'alarme et la panique pendant toute la durée de la terrible affaire de Verdun (21 février à octobre 1916).

Il a brisé l'offensive Nivelle d'avril 1917. Il a soutenu, défendu Malvy et il n'a pas tenu à lui que ce misérable ne sortît indemne de mes accusations. Il n'est devenu à peu près raisonnable et inoffensif que sous le fouet de Clemenceau, à partir du 16 novembre 1917. Et encore, au moment de la surprise du 21 mars 1918, puis de celle du 27 mai (chemin des Dames), Clemenceau a subi de rudes assauts, auxquels il n'osa pas faire la seule réponse qui convenait : la dissolution.

L'affaire est jugée, historiquement et psychologiquement : l'état de guerre est incompatible avec la survivance de cette institution baroque que l'on appelle un parlement, machine à affaiblir l'autorité et à perdre, en discussions vaines, un temps trois fois précieux. Il faut toute la bonhomie foncière du peuple français, et aussi toute sa routine (plus forte que l'évidence) pour avoir réinstallé, au 16 novembre 1919, une douzième législature, quand il voyait et palpait le charnier que lui avaient valu les onze législatures précédentes, et surtout les cinq dernières.

Quand je suis entré à la Chambre, le 16 novembre, sur les robustes épaules de *l'Action Française* (dont je n'ai jamais été que l'instrument, comme vous pensez bien) je n'ai eu qu'un mérite, mais réel : je me suis rendu compte presque immédiatement de ce qu'il y avait à faire, dans le sens national, et de ce qui ne pouvait pas être fait. Ma première interpellation, en janvier 1920 (Millerand étant président du Conseil), m'a fait comprendre tout de suite que, la droite mise à part, la majorité patriote n'entendait rien à la politique réaliste, qui est la nôtre. Le fait de se laisser dépouiller du ministère de l'Intérieur (où prit place Théodore Steeg, fils et petit-fils de Boche) quand on est la majorité, est un symptôme attristant et décisif. A partir de là, nous nous bornâmes, mes amis et moi, à barrer ce qui pouvait être barré, à sauver ce qui pouvait être sauvé, et, dès que nous le pouvions, à ouvrir les yeux à nos collègues, trop empressés à dire « *amen* ».

Les gens de gauche (qui ne demeurèrent, après le 16 novembre, qu'une minorité dérisoire) déclarent volontiers que la Chambre du 16 novembre n'a rien fait. C'est injuste. Elle les a empêchés de nuire, ce qui est déjà quelque chose. Elle n'a pas aggravé, par des mesures démocratiques (on disait autrefois « démagogiques » pour faire une distinction inexistante) les difficultés financières où nous continuons à nous débattre. Elle a mis un frein momentané, et peut-être durable, à la persécution religieuse, vestige du bismarckisme de Gambetta et du guïllautisme de Waldeck, qu'il eût été de son devoir d'anéantir. C'eût été facile; mais nous ne nous en mêlâmes pas, désireux de nous cantonner exclusivement sur un terrain national, où nous sommes nos maîtres et n'avons, Maurras et moi, d'ordres ni de directions à recevoir de quiconque. C'eût été facile, à condition de fouler et de refouler, sur ce terrain-là comme sur les autres, Briand, vieux policier retors, et ses acolytes du Sénat, acharnés à leurs rancunes et préjugés fossiles. Il y avait même lieu, pour des députés spécifiquement catholiques, et agissant comme tels, de poser à Poincaré, dès le début, certaines conditions, qu'il ne pouvait ne pas accepter, mais qui ne lui ont pas été posées. La majorité a eu la sottise d'affirmer, en plusieurs occasions, sa confiance dans l'indestructibilité des lois laïques. Ce qui est idiot, attendu que le premier acte d'un gouvernement vraiment national devra être de supprimer ces lois funestes, venues des Boches;

attendu qu'il y avait, à la Chambre du 16 novembre, dès le début, 400 voix contre l'anticléricalisme. Mais, encore une fois, ce n'était pas à
nous, royalistes, à donner le branle dans cette
direction.

Au contraire, sur le terrain national, sur le
terrain fiscal, sur le terrain de l'enseignement
(proportionnelle scolaire, et surtout Humanités),
sur la défense des frontières contre une nouvelle
invasion, sur les sanctions et mesures de coercition à prendre contre l'Allemagne, récalcitrante et revancharde, nous avons donné, nous,
hommes de droite, à plein collier. Le centre
droit, d'abord un peu étonné de notre audace,
a suivi très vite le mouvement. Il y a là des
hommes d'une réelle valeur, d'une éloquence et
d'une clairvoyance politique singulière : un
Jean Le Febvre, un Taponnier, un Blaisot,
un Josse, un des Lyons, un Coucoureux, un
Le Provost de Launay, un Taittinger, un
Murat, etc... (pour ne citer que quelques-uns
de ces entraîneurs), qui ont accompli une besogne
considérable, une besogne de tacticiens. Ils
ont secondé, du mieux qu'ils ont pu, la tendance
patriotique générale. Ils lui ont permis de
se manifester, même sous les auspices de la République. L'histoire de cette législature retiendra
leurs noms, en même temps que ceux des droitiers les plus combatifs : un Magne, un Lecour-
Grandmaison, un Ruellan, un La Ferronays,

un de Gailhard-Bancel, un Grousseau, un de Juigné, un de Magallon, un Vallat, un Guibel, un Ambroise Rendu, etc., etc.

Vous me direz qu'une telle énumération de députés actifs et bienfaisants va contre la définition du parlement en général, qui est en tête de ce chapitre. En aucune façon : elle la corrobore. Employés, dans une autre forme, plus rationnelle, de représentation proportionnelle, corporative, provinciale, ces très nombreuses valeurs, qui siègent à la Chambre du 16 novembre, auraient pu aisément accomplir cent fois plus de besogne, dans le même temps. Le parlement est comparable à un moteur énorme et onéreux, qui ferait tourner un petit moulin, ou une toupie d'enfant. En outre, tous les efforts faits pour l'amender, ou le perfectionner, dans le cadre de la constitution républicaine, ne font que le compliquer et l'empirer. J'ai suivi cela de près, pendant quatre ans. C'est attristant.

Au commencement de chaque législature, on tire au sort ce qu'on appelle les bureaux, comprenant, chacun, tant de députés; sortes de collèges, où se décideront ensuite les validations et invalidations, les levées d'immunités parlementaires, en cas de demandes de poursuites, etc. A côté des bureaux, il y a les groupes, qui réunissent les députés de même tendance et dont les titres sont généralement baroques. C'est ainsi que nous nous appelons, nous, gens de droite, le groupe des Indépendants. Indépendants de qui, de quoi? Cette appellation neutre ne date que d'un temps où la droite était numériquement faible et qualitativement timide. Ses orateurs, académiques et guindés, ne parlaient qu'avec la permission de ces messieurs de la gauche, et de l'extrême-gauche, qui, eux, tenaient le crachoir tant qu'ils voulaient. Nous avons, au cours de cette législature, changé tout cela. Or, en décembre 1919, les journaux déclaraient, gravement, qu'une grande innovation allait consister en ceci, que les bureaux seraient dorénavant une délégation des groupes, et non plus le produit du tirage au sort. Naturellement, il n'en fut rien; et, si cette modification avait eu lieu, elle n'aurait eu aucune importance. Au bout de trois jours, personne n'en parla plus.

Un peu plus tard, il fut question d'une mirifique réforme du règlement; le règlement est l'œuvre personnelle de M. Eugène Pierre, qui est un artiste et un savant en la matière. Il comporte, ce règlement, comme toute chose humaine, et comme tout humain, de nombreux défauts, et quelques vices. Mais, dès qu'il est question de l'améliorer, on s'aperçoit avec stupeur que ces prétendues améliorations le rendraient pire. Cela tient, eût dit Descartes, à ce que c'est le principe du système qui est mauvais en soi, et non le fonctionnement du système. Au fond, le seul avantage réel que présente le métier de député (même et surtout antiparlementaire) c'est la possibilité de porter à la tribune, et de là à l'*Officiel* et dans la presse, une motion, ou une question, ou une interpellation. Quand vous êtes député, ayant une voix forte et de solides poumons, quand vous tenez un bon fait, délimité, précis, sans notes, ni gloses, ni trop de commentaires, quand vous vous sentez en train et dispos, allez y carrément, tapez dans le tas, en ayant soin de mettre les rieurs de votre côté; et ne vous laissez détourner de votre affaire ni par les cris, les vociférations, ni par les « voulez-vous me permettre, mon cher collègue », ni même par les observations du président. A ce prix, et si ce que vous dites est intéressant, vous exciterez la curiosité, maintiendrez l'attention et obtiendrez un effet utile. Car rien, en République, ne résiste à un véritable succès de tribune, même et surtout accompagné de tumulte. Pour les succès académiques, ou platoniques, ils sont, dès le lendemain, comme s'ils n'avaient pas existé.

Parmi ces derniers, le plus remarqué, et aussi le plus vain de la législature, fut celui de notre cher collègue Noblemaire. D'homme plus charmant, plus lettré, mieux intentionné, je n'en connais pas. Son topo de 1920 sur les devoirs réciproques des patrons et des ouvriers (vieux bateau libéral, habilement développé), avait conquis toutes les oreilles et tous les cœurs.

Quand Noblemaire descendit de la tribune, au milieu d'un tonnerre de bravos (les dames debout dans les tribunes), on put croire que la question sociale était résolue. Les socialistes, les communistes eux-mêmes en semblaient médusés, bavaient, comme on dit au régiment, des rondelles de chapeaux. Notre « mère noble » (oh pardon !) se cuidait déjà président du Conseil et duc de P.-L.-M. par la grâce de Deschanel, alors président de la République. De ce triomphe oratoire, il ne résulta rien du tout, si ce n'est un nouveau cliché concernant « le patronat de droit divin ». Noblemaire eut le tort de ne pas insister. S'il avait recommencé trois ou quatre fois cet exercice rythmique, il serait aujourd'hui membre de l'Académie française, aux côtés de Célestin Jonnart, l'écrivain aux fameuses lettres de démission.

Après le glorieux après-midi de Noblemaire, vint celui de Loucheur (touchant les accords dits de Spa, œuvre de Millerand), de Loucheur de qui certains attendaient alors le relèvement de nos finances. La joie enfantine de Louis Loucheur redescendant de la tribune dans un hérisson de mains tendues (et pas pour une sportule) me faisait plaisir et peine tout ensemble. Je savais que ça ne durerait pas, que c'était la rose de Dupérier. En effet, s'il est vrai que, dans notre invention à perdre le temps, Loucheur représentait, à lui seul, plusieurs rouages, il est vrai aussi qu'on l'écouta de moins en moins. Son autorité oratoire diminua comme la peau de chagrin. Avec cela, sa petite voix, qui fait un contraste comique avec sa musculature de prospecteur heureux, devenait de plus en plus blanche et grêle. Il avait l'air, à la fin, d'un noyé qui a aperçu une bouée.

Le meilleur orateur à user Chronos (le père à la faulx) c'est Forgeot. Il a le physique de l'écureuil, la facilité de l'écureuil, le plaisir gracieux de l'écureuil quand il saute d'un arbre à un autre, suivi du panache de la queue bouffante. Malheureusement sa squirrillité mentale enlève toute efficacité à ses remarquables discours. Il oscille, sans se fixer jamais, entre diverses opinions sur un même point et, quand par hasard il opte, c'est en porte-à-faux. Il déçoit ainsi ceux qu'il vient d'emballer; et, parti pour les étoiles, s'arrête à la station de voitures.

André Tardieu, savant, suffisant, disert, courageux, laborieux, inégal, a raté de près, fin 1921, la présidence du Conseil, et je crois bien (Mandel me pardonne !) que j'ai contribué à ce ratage, ne voyant pas la nécessité de tirer du feu les marrons clemencistes. Il a mordu Briand très bien, moins bien Poincaré qui a fait, au surplus, ce que Tardieu n'eût pas su faire. Nous le retrouverons au cap de la Ruhr. Luttaient pour Tardieu (en dehors de MM. Mandel et Ignace) deux hommes que je tiens en particulière estime : MM. Soulier et Désiré Ferry. Cependant ils ne réussirent pas à nous convaincre de la supériorité de Tardieu sur Poincaré.

Prenons, pour fixer les idées, la discussion du budget. C'est le fonds, le type même du labeur parlementaire; et, pour chaque compartiment du budget, il y a des spécialistes (ou, suivant le jargon à la mode, des techniciens) calés et ingénieux. Or, ladite discussion est, pour les socialistes, *qui refusent le vote du budget*, comme contraire à leurs doctrines, l'occasion d'amendements et de topos interminables. Imagine-t-on rien de plus falot? Nous avons subi ainsi en 1920, 1921, 1922, 1923, cet animal de Léon Blum, vieux beau d'Israël, qui joue le Ferdinand Lassalle avec une dialectique abondante, une érudition chiffrée toute sémite, et un manque absolu de bon sens. En ces quatre ans, Léon Blum a bien prononcé une vingtaine de discours, de deux heures chaque, pour prôner le prélèvement sur le capital, ou le carnet de coupons, ou l'inquisition fiscale, ou je ne sais encore quel sombre bobard : cela, sans aucun espoir de nous persuader, ni de nous distraire, uniquement, comme on dit, pour embêter le monde. Cela s'appelle, je crois, de l'obstruction.

A noter l'espèce de fascination que les raseurs exercent sur les gens de gauche, notamment sur les socialistes. Ils écoutent Blum plus volontiers que Bouisson, que Paul Boncour, ou que Rameil, infiniment plus éloquents, plus agréables et plus nuancés que cette espèce de Narcisse du Ghetto.

Une seule fois, Blum fut récréatif; un jour que, contredit et repoussé avec pertes dans son nouvel assaut au capital français (car il est lui-même capitaliste juif), il eut une sorte de crise de nerfs. Il pleurait de rage et tapait du pied, cependant que la droite et le centre criaient en riant : « Oh, le pauvre petit, le pauvre chéri ! Comme il a du chagrin ! Mais qui donc lui a fait mal comme ça, à cet enfant à sa memère ! » Blum, faisant partie de l'Internationale n° 2, a perdu la sympathie de Cachin, qui offre son encens à Bolchevius, idole moscovite; mais il a gardé celle de Bracke à la figure quadrangulaire et dont la voix martelée a l'air de charrier des buffets de salle à manger. Quand Blum parle, Bracke est dans l'extase, et palpitent ses narines géantes. C'est pourquoi nous les appelons Broum et Blacke, du nom d'un tonnerre et du nom d'un chien.

Quand j'incrimine la perte du temps, je me place au point de vue politique, et surtout de la politique de sauvegarde nationale. Du point de vue psychologique, chaque séance de la

Chambre est une école d'un très vif intérêt. C'est un spectacle en cent actes divers, auprès duquel toute comédie est fade et conventionnelle. Je me suis extraordinairement et âprement intéressé dans la vie jusqu'à présent, mais jamais autant qu'à la Chambre. Il m'est arrivé d'en sortir avec deux courbatures intercostales aux attaches du diaphragme. Il y aurait dix volumes à écrire, en notant tous les traits de cette perpétuelle fermentation et macération de 400 humains dans une marmite de difficultés, insolubles par plus d'un seul. C'est là qu'on admire le génie de Maurras et sa juste prévision de tout ce qui arrive.

— Mais dites-moi donc, monsieur Daudet, le dommage fait au pays par les vaines querelles et la perte du temps est chose grave.

— Sans doute, cher monsieur. Mais puisque le deuil, l'invasion, la tuerie, l'occupation, la gêne, la semi-banqueroute, le recommencement perpétuel des mêmes sottises meurtrières, la persécution religieuse et fiscale, et le reste, n'ont pas encore guéri le peuple français de la démocratie parlementaire, permettez-moi de retenir la comédie, après avoir signalé et tâché d'empêcher le drame.

La véritable fin d'un régime si fol et si fou, en somme, ce serait un hoquet immense et joyeux (un hoquet de 50.000 citoyens réunis place de la Concorde) aussitôt suivi de quelques

rudes sanctions. Il y faudrait ce que j'appelle
le style « camelot du roi », qui mêle un sentiment
sérieux et une gaîté politique dans l'ardent
chaudron du patriotisme. La mine longue du
conservateur, déplorant ce qu'il eût pu et dû
empêcher, me dégoûte. Gloire au réactionnaire
agile, qui trouvera le joint de dislocation soudaine de cette machinerie vermoulue. Chers
amis camelots, tant calomniés, si lucides, si
rusés, si braves, quel plaisir en sortant de la
Chambre, après une séance tapageuse ou tranquille, de les retrouver rue de Rome, dans leurs
cellules et couloirs de *l'Action Française!* Beaucoup mieux que le légendaire baron Pié, libéral,
conservateur et parlementaire type, imaginé
et dressé par Maurice Pujo dans ses *Nuées*, le
Camelot du Roi se rend compte des trous et
des dangers du parlementarisme, et s'informe
auprès de son délégué à la Chambre (qui n'est
autre que votre serviteur) de la température
du vase clos. Car il est de fait que, du dehors,
l'observation de ce qui se passe là-dedans est
difficile. Avant d'être député, je ne mettais
presque jamais les pieds à la Chambre, tant il
me paraissait malaisé de suivre de loin cette
partie d'échecs.

Issue de la guerre et participant encore de sa
commotion, la Chambre du 16 novembre aura
eu, selon une sorte de rythme, plusieurs alternatives d'engourdissement et de réveil du sen-

timent patriotique. Il me semble que la courbe des quatre années de la législature est à peu près la suivante :

Première période. — Fin du cabinet Clemenceau. Arrivée des députés alsaciens et lorrains (séance inoubliable du 7 décembre 1919). Joie de constater l'aplatissement de l'extrême-gauche et de la gauche. On sait déjà moins de gré à Clemenceau de l'obtention de la victoire qu'on ne lui sait mauvais gré d'une paix défectueuse et dont on entr'aperçoit les trous. Bonne résolution de travail et de renouvellement des idées.

Briand commence immédiatement sa ténébreuse besogne de termite, dans les couloirs. Il hait Clemenceau, redoute, pour des motifs personnels, son maintien à la présidence du Conseil (que d'autres redoutent aussi, pour des raisons élevées de clairvoyance et d'ordre national) et promet à l'Angleterre son obédience exemplaire, si jamais il revient à la présidence du Conseil. Il a dans son jeu Philippe Berthelot, secrétaire général au ministère des Affaires étrangères, et maître effectif de la diplomatie de la République, depuis le début de la guerre. Il a avec lui la police politique, aussi bien à la sûreté générale qu'à la préfecture de police.

Au moment de l'attentat de Cottin contre Clemenceau, l'indignation sincère de Millerand (émotif comme tous les bourrus) a touché Mandel et amené celui-ci, jusque-là assez mal disposé, à admettre Millerand comme successeur de Clemenceau. L'imprudent Mandel va perdre, à partir de là, toute influence. Deschanel est élu Président de la République contre le pauvre Clemenceau qui, sûr de la victoire, avait déjà endossé sa belle redingote, pour recevoir, après l'élection, ses amis. Retour de la redingote au placard. Désappointement des clemencistes.

Deuxième période. — Millerand, sentant la Chambre réactionnaire et voulant donner un coup de barre sérieux à gauche (lourde erreur de sa part !) prend comme ministre de l'intérieur Steeg (Théodore) fils et petit-fils d'Allemand, successeur de Malvy sous Painlevé. J'interpelle sur cette nomination fantastique. Beaucoup de députés s'abstiennent. Néanmoins, le gouvernement l'emporte. La majorité (Pujo *dixit*) avale Steeg. L'Allemagne va interpréter le retour imprévu de ce radical-socialiste comme un encouragement à une résistance, qui ne fera désormais que croître et embellir.

En même temps, la majorité nationale donne la mesure de sa naïveté et de son impuissance à oser être ce qu'elle est. Elle aurait dû exiger de Millerand un ministre de l'Intérieur réactionnaire et à poigne, capable de révoquer 50 préfets, ouvertement caillautistes, et de remplacer une haute police politique, demeurée pro-allemande, en dépit de la guerre et de la victoire, par une haute police politique de sentiment français.

Accords, secrets, de Spa, de Boulogne, etc... par lesquels s'accentue la tutelle anglaise, dangereuse en tant qu'anglaise et aussi comme véhicule financier de l'intérêt allemand. Mais, dans l'été de 1920, Millerand sauve la Pologne d'une attaque russe, en lui envoyant un grand soldat, le général Weygand, bras droit de Foch. Ce service réel fait de Millerand un candidat sérieux à la présidence de la République, au moment même où Paul Deschanel, brusquement malade, devient inapte à cette fonction.

Le successeur de Clemenceau au ministère de la Guerre a été André Lefèvre, patriote d'une clairvoyance admirable, qui connaît les Allemands et n'a pas peur d'eux. Ce choix aussi est à l'actif de Millerand. Malheureusement pour Millerand, un financier de haute envergure, M. Horace Finaly, directeur de la *Banque de Paris et des Pays-Bas* (le « Rothschild de l'après-guerre » dit-on) prend de l'ascendant sur son esprit. Il lui fait croire que la finance pourra panser les plaies de la guerre et en éviter le retour, alors que, seule, une sage politique (donc nationale et à droite) saurait assurer ce grand dessein.

Dès 1919, *l'Action Française* dénonce le terrible maintien de l'unité allemande. Dès 1920, elle dénonce l'esprit de revanche, qui anime l'Allemagne vaincue, mais non désarmée. L'*Action Française* réclame l'occupation de la Ruhr. Millerand fait répondre qu'au dire des experts militaires une telle occupation est impraticable, qu'elle nécessiterait une mobilisation de plusieurs classes, etc., etc... Sans doute, est-ce aussi l'avis de M. Laurent, notre ambassadeur à Berlin, ami personnel de Millerand, grand industriel, mais diplomate inexpert et nul, et convaincu que la solution de nos difficultés est dans un rapprochement économique franco-allemand.

Les représentants de l'Alsace-Lorraine à la Chambre (plusieurs de haute valeur et connaissant l'Allemagne à fond) ne sont ni consultés, ni écoutés. La Chambre traverse une période d'atonie complète et suit aveuglément Millerand, qui écoute MM. Horace Finaly, Laurent et Philippe Berthelot.

Troisième période. — Millerand est élu Président de la République, en remplacement de Deschanel. Leygues devient président du Conseil. C'est un homme aimable au possible, animé de bons sentiments, distingué et cultivé, mais de peu de caractère et trop inégal à sa tâche, surtout en un pareil tournant. Visiblement, il n'est mis là que pour servir de transition vers un autre, et cet autre sera Briand, hélas !

André Lefèvre, dont les avis ne sont pas écoutés, donne sa démission de ministre de la Guerre. Il sera remplacé par Barthou. Il y a beaucoup à dire et à écrire sur Barthou, qui est l'arbre du bien et du mal au paradis parlementaire, souvent pomme savoureuse et quelquefois serpent.

Quatrième période. — En dépit de nos avertissements et d'une délégation de la droite (lui demandant d'appeler Poincaré) Millerand appelle, à la chute de Leygues, Aristide Briand. C'est une pure folie, pour plusieurs raisons; d'abord Briand est ignorant comme une carpe, en matière de politique étrangère, ainsi que dans tout le reste. C'est un anarchiste du genre « lanternier », entré dans la police à la suite de sa vieille affaire de mœurs (outrage public à la pudeur), manœuvré par la police, fermé au patriotisme, ébahi devant la finance, et incapable d'une continuité de vues quelconque.

Le nom de Briand évoque les pires intrigues et les plus lamentables vilenies d'avant-guerre. Sa loque, politicienne et morale, a servi de couverture à toutes les saletés, à tous les abandons, à tous les marchandages. Tardieu lui a reproché un jour, avec dureté et précision, à la tribune, sa politique « du chien crevé, au fil de l'eau »... Mais, plus exactement, de l'eau de bidet. Briand, c'est la condamnation sans appel du régime.

14

Le résultat ne se fait pas attendre. L'assassinat du commandant Montalègre en Haute-Silésie (assassinat non vengé) recommence le coup du Zappéion, à Athènes, sous le Briand de 1916. La France dégringole la pente en vitesse, au milieu des hymnes briandesques d'une presse stipendiée, à laquelle le dépantalonné du pré de Toutes Aides, devenu l'opulent châtelain de Cocherel (Eure) fait distribuer les fonds dits « de propagande ». Pendant que nos « réparations » s'effritent dans des états de paiement fictifs, des faux accords, des conférences de Paris et de Londres scandaleuses, et mille louches combinaisons diplomatico-financières, notre marine est anéantie par nous-mêmes à Washington, l'esprit militaire est entamé par la mobilisation *pour rien* de la classe 1919, sans compter le scandale latent de la Banque Industrielle de Chine (qui pousse ses racines empoisonnées jusque dans la politique extérieure) et le retour des administrations préfectorales et policières au vomissement d'avant-guerre, mêlé de détritus allemands et anglais.

Cette année 1921, année de Briand, l'Aristidienne, comme nous l'appelons, est à marquer d'une pierre noire, que l'avenir prochain fera peut-être sanglante. Finalement, après bien des attaques, hélas ! infructueuses (auxquelles collaborent vigoureusement les clémencistes, je dois le dire), en pleine conférence de C anne une motion royalistes de l'Action Française, votée par 249 députés, soudain réveillés de leur effroyable torpeur, décide Millerand à rappeler Briand de Cannes et à lui retirer son portefeuille empoisonné. Le misérable se sauve du pouvoir, qu'il salissait, sous les huées de ceux qui, la veille encore, votaient pour lui et applaudissaient à ses mensonges.

La voie était libre (grâce à nous, droitiers) devant Poincaré. Mais un an avait été perdu, et dans des conditions désastreuses, au détriment des intérêts français, au bénéfice de la revanche allemande.

Chapitre VIII

AUTOUR DU DRAME DE LA RUHR

Je dis bien : c'est un grand drame et dont je n'ai point l'intention d'analyser ici les péripéties diverses, ni de tirer la moralité; car, à l'heure où j'écris, il n'est pas achevé. Quelques-uns même ont parlé de bataille de la Ruhr, ce qui était au moins prématuré. Mais les séances parlementaires, qui ont précédé et accompagné l'occupation d'Essen et de la Ruhr, les physionomies et les intrigues qu'elles ont mises en relief, les campagnes de presse auxquelles cette occupation a donné lieu, le meurtre concomitant de notre ami Marius Plateau, les événements qui ont suivi, l'entrave manifeste apportée à la revanche allemande, la lutte des partis en France autour de la décision de Poincaré et des mesures prises par Maginot, tout cet ensemble, pathétique et fulgurant, a rempli le mois de décembre 1922 et l'année 1923. Les deux besognes les plus importantes accomplies par la Chambre du 16 novembre, auront été

au dedans, l'équilibre du budget dans des conditions assez précaires, sans doute, mais permettant d'éviter la faillite; au dehors, l'occupation
et l'essai d'exploitation entravée du grand
bulbe industriel allemand.

Ici, comme dans *l'Hécatombe* et mes autres
ouvrages, concernant le cataclysme européen,
mon intention n'est pas de fatiguer le lecteur
de dates, de gloses, de citations, de références.
Je m'en tiens aux lignes générales, telles qu'elles
me sont apparues à travers les discussions au
parlement et les faits. L'histoire, comme la
mémoire, ne retient que l'indispensable, que
l'essentiel. Sur beaucoup de points, comme
député, comme journaliste, il m'a été donné
d'être non seulement un témoin, mais, à mon
rang modeste, un acteur. Une fois de plus (et
en quels traits de feu!) j'ai pu observer le synchronisme, sur lequel j'ai déjà insisté tant de
fois, entre la poussée allemande au dehors, c'est-
à-dire dans le bassin minier et métallurgique
d'Essen, et la poussée allemande chez nous, ou,
par le biais, anglo-allemande. Tout mon effort
et celui de mes collègues de droite (après que
nous eûmes déblayé le chemin de Poincaré vers
la Ruhr) tendit à convaincre le président du
Conseil de cette réalité. Il ne semble pas que nous
y soyons parvenus; et c'est dommage; car il n'y
a malheureusement aucun doute que sa besogne
en eût été simplifiée.

Au début de ces quelques remarques sur l'événement qui a tenu l'Europe en haleine, et l'Allemagne, au moins provisoirement, en respect, je citerai exceptionnellement, d'après l'*Officiel*, mon intervention (suivant immédiatement celle de Poincaré) à la séance du vendredi 15 décembre 1922. Ce jour-là, qui fut décisif, il y eut deux séances, l'une dans l'après-midi, l'autre après le dîner; et cette dernière vit la déroute des deux opposants principaux à la mesure projetée : M. André Tardieu et M. Forgeot, habituellement mieux inspirés. Il était visible, en effet, que la majorité, lasse des bâtons dans les roues, mis perpétuellement par l'Angleterre à nos plus légitimes revendications, désirait que la France allât de l'avant, seule au besoin avec la Belgique. Notons tout de suite que la Ruhr eût pu et dû être occupée deux ans plus tôt, si, Millerand ayant appelé Briand, en 1921, il n'avait pas fallu ensuite à Poincaré toute une année (1922) pour rattraper une partie du terrain perdu par son funeste prédécesseur. Une minute suffit à déclencher une faute, ou une gaffe (voire une erreur criminelle) qu'il faut ensuite des semaines et des mois pour rattraper et réparer :

M. Léon DAUDET. — Depuis trois ans, les gouvernements qui se sont succédé nous ont toujours tenu un langage à peu près semblable qui, jusqu'à présent, il faut le reconnaître, n'a pas été suivi de grands résultats. D'ailleurs la notification nous en est venue de l'Olympe de la politique.

Divers moyens ont été successivement, et avec beaucoup d'éloquence, préconisés; quelques-uns ont été employés contre l'Allemagne, pour arriver à rentrer dans ce que l'on appelait « notre dû ». Que de fois avons-nous entendu dire à cette tribune : « Nous exigerons notre dû, tout notre dû ! »

Nous avons vu abandonner d'abord la thèse du forfait.

Ensuite, est venu l'état des payements, vous vous rappelez, messieurs, le fameux état de payements, sur lequel on avait fondé tant d'espérances ! Il a été, lui aussi, complètement abandonné.

Après, sont arrivés les accords, à Wiesbade, de M. Loucheur et de M. Rathenau. M. Rathenau a été assassiné. M. Loucheur, Dieu merci, est bien vivant. *(Exclamations.)* Mais les accords de Wiesbade paraissent morts dans le berceau.

Ensuite, a été traitée la question des livraisons en nature et nous avons eu les accords Stinnes de Lubersac.

M. GOUDE. — Les accords à 6 % !

M. Léon DAUDET. — Il n'en est plus beaucoup parlé maintenant.

Puis on a envisagé l'emprunt international. Tout à l'heure, M. le président du Conseil nous en a montré les difficultés, dans l'état financier de l'Allemagne, qui, cette semaine encore, a émis, si je ne m'abuse, pour 40 milliards de papier.

M. André FRIBOURG. — 90 milliards !

M. Léon DAUDET. — 40 ou 90 milliards, cela n'a

plus beaucoup d'importance, par suite de son absence de trésorerie.

Ensuite, M. le président du Conseil lui-même nous a démontré ce qu'il y avait d'un peu présomptueux dans les essais de rapprochement franco-allemand au sein des sociétés anonymes allemandes, plan exposé ici très éloquemment par M. Paul Reynaud et dont il n'a plus été question.

On a beaucoup parlé aussi — et M. le président du Conseil y faisait encore allusion tout à l'heure — du contrôle à exercer sur l'Allemagne. Mais un tel contrôle, même confié à des hommes munis de grands pouvoirs — qu'ils n'ont pas — portant sur un empire de 65 millions d'habitants, paraît bien illusoire.

C'est ainsi qu'après avoir examiné tous ces projets, nous nous trouvons ramenés au départ, à cette question, toujours présente devant nos esprits, de l'occupation et de l'exploitation de la Ruhr.

Plusieurs membres à l'extrême gauche. — Voilà.

M. Léon DAUDET. — Ici une question préalable se pose et s'est toujours posée : mais il y a des risques à courir !

Ces risques sont de deux sortes. Ils peuvent venir de ceux de nos alliés qui ne voulaient entendre parler à aucun prix de l'occupation et de l'exploitation de la Ruhr, ni par nous seuls, ni par nous en collaboration avec eux.

Ils peuvent venir aussi de l'éventualité, dans le territoire ainsi occupé, de grèves qui déclencheraient, en Allemagne, une révolution que certains craignent.

Messieurs, j'ai déjà eu l'occasion d'exprimer notre thèse, à nous, Action française... Ce que nous avons à craindre de l'Allemagne, ce n'est pas la révolution, c'est la restauration de l'impérialisme allemand. *(Applaudissements à droite et au centre. Interruptions à l'extrême gauche.)*

M. ÉVRARD. — Ce que nous avons à craindre de vous, c'est la restauration de la monarchie !

M. Léon DAUDET. — Je vous ai déjà dit qu'après la guerre de 1870, le même problème s'était posé au gouvernement allemand. Nous le trouvons exposé et discuté dans les Mémoires, dans les papiers de Bismarck, sous la forme suivante : « Était-il préférable que la Commune l'emportât en France ou qu'elle fût écrasée ? »

Finalement, l'Empire allemand s'était rangé à la thèse de l'écrasement de la Commune *(Très bien ! très bien ! ironiques à l'extrême gauche.)* et vous connaissez le mot du prince de Bismarck à Jules Favre : « Pourquoi ne profitez-vous pas de ce que vous avez encore une armée valide pour susciter une émeute et l'écraser ? »

A l'extrême gauche. — Voilà la révolution de demain.

M. LACOTTE. — Il y avait des patriotes, dans la Commune.

M. Léon DAUDET. — Certainement.

A cette objection fondée sur les risques possibles, nous répondrons que toute opération, quelle qu'elle soit, comporte des risques ; mais qu'il y a quelque chose qui en comporte plus encore qu'une opération, même périlleuse, c'est l'inaction, c'est le moratoire perpétuel dans la situation où nous sommes. *(Très bien ! très bien ! à droite.)*

Je sais parfaitement qu'il n'est pas dans les intentions de M. le président du Conseil d'accorder ce moratoire. C'est pourquoi — je le dis tout de suite et c'est en partie pour cela que je suis à cette tribune — mes amis et moi, s'il y a un vote, nous lui accorderons notre confiance. *(Exclamations à l'extrême gauche.)*

Certainement !

Au moins savons-nous gré à M. le président Poincaré de n'avoir pas fait ici de promesse qu'il n'a pas tenue. *(Très bien ! très bien ! à droite.)*

Au moins lui savons-nous gré de n'avoir pas mobilisé une classe pour rien, pour un plan qui n'a pas été réalisé. *(Applaudissements et rires à droite.)*

Au moins lui savons-nous gré de n'avoir pas abandonné sur le traité de Versailles une part importante d'un payement de 12 milliards qui devait être effectué au 1er mai 1921. *(Applaudissements à droite et sur divers bancs. Interruptions à gauche.)*

Cela c'est le passé. Mais le fait que ces actes sont passés depuis un an ou plus ne nous dispense pas d'envisager les responsabilités de tous ces malheurs que la France a subis, dont elle se plaint et dont certainement elle réclamera un jour la sanction. *(Applaudissements à droite. Interruptions à l'extrême gauche.)*

M. Pierre JOLY. — Gounaris !

M. LACOTTE. — « Gounaristez » les responsables !

M. Léon DAUDET. — Aurions-nous à l'heure

actuelle quelque avantage à tirer d'un changement de ministère?

Certes, nous n'approuvons pas, mes amis et moi, nous l'avons dit, montré et écrit sous toutes les formes, la politique intérieure du gouvernement actuel, attendu que nous sommes des hommes de droite, des réactionnaires; et que cette politique est une politique de gauche, que nous considérons comme nuisible aux intérêts essentiels du pays.

Mais aujourd'hui, comme au moment de la guerre, car la situation n'est pas moins grave, nous considérons que c'est la politique extérieure qui prime tout et, en fait, ce qu'a gagné jusqu'ici M. Poincaré est petit, mais comme il vient de le dire lui-même, n'est pas absolument négligeable. *(Interruptions à l'extrême gauche.)*

Sous le précédent cabinet anglais, nous avions tous l'impression que les représentants de la France se trouvaient entre un gouffre et un mur.

Ce gouffre c'était celui de nos finances. *(Applaudissements à droite et au centre.)*

Il existe encore.

Ce mur, c'est triste à constater, mais je puis bien le dire sous une forme modérée, n'étant qu'un simple député, c'était l'hostilité aujourd'hui manifeste du Premier anglais. *(Applaudissements à droite.)*

Nous savons par les déclarations récentes de M. Lloyd George qu'il ne nous portait peut-être pas toute l'amitié que nous étions en droit d'espérer de lui. *(Très bien! très bien! à droite.)*

Ainsi, non seulement M. Poincaré qui s'est trouvé

au milieu de difficultés que l'on sent inouïes, en raison même des antécédents dont il n'a pas voulu vous parler et dont il ne vous parlera pas, a été un homme habile; mais, en outre, je lui sais gré d'avoir été, suivant la parole antique, un homme heureux : en ceci qu'au lieu d'avoir en face de lui un adversaire plus ou moins grimé en ami, il paraît bien qu'il ait trouvé en M. Bonar Law, Premier anglais, un véritable ami de la France. *(Vifs applaudissements.)*

Aurions-nous à souhaiter un changement d'orientation politique dans un sens que vous me permettrez d'appeler « Clemenceau »?

M. Alexandre Varenne. — Voilà !

M. Léon Daudet. — La question qui est délicate pouvait encore se poser, il y a une huitaine de jours. Mais je dois vous dire que mes amis et moi avons été suffoqués !

Je parlerai de M. Clemenceau avec tout le respect qu'il mérite pour le bien qu'il a fait à la patrie à la fin de la guerre. J'ai déjà dit : « M. Clemenceau a sauvé la patrie. » Je ne cesserai de le répéter. *(Applaudissements à droite, au centre et sur divers bancs à gauche.)*

Mais les hommes ne sont pas tout d'une pièce. Il pourrait se faire maintenant qu'il aventurât cette même patrie ou qu'il la perdît par une fausse manœuvre.

Qu'appelons-nous une fausse manœuvre? Ce serait une sujétion quelconque à la politique anglaise et à la politique américaine. Ces nations sont nos alliées et nos amies, nous les chérissons et elles nous chérissent, elles se sont battues pour leur cause et pour la nôtre, sur notre territoire, dans les dévastations mêmes de ce territoire, mais, pas plus qu'elles ne peuvent exiger le payement immédiat de ces dettes que l'Allemagne ne nous paye pas, elles ne peuvent exiger de nous un état de sujétion chronique.

Non, messieurs, cela n'est pas possible. *(Applaudissements à droite et sur divers bancs.)*

M. Poincaré vous l'a indiqué tout à l'heure, avec une réserve à laquelle je suis beaucoup moins tenu que lui; cette guerre de trois ans a été un conglomérat de batailles qui se sont jouées sur le territoire français, qui en a été la victime pantelante. Il y a eu une guerre anglaise-allemande, une guerre américaine-allemande. Il y a eu une guerre belge-allemande : mais la Belgique a souffert dans sa chair, comme nous, tandis que l'Angleterre et l'Amérique n'ont pas souffert dans leur territoire. Voilà le grand point de vue. Notre nation l'aperçoit non pas obscurément, mais clairement et c'est ce qui fait qu'elle souffre quand elle s'entend accuser d'impérialisme et de visées militaires, non point par l'Allemagne, mais par ses amis et alliés. *(Applaudissements à droite et sur divers bancs.)*

M. le lieutenant-colonel JOSSE. — Et, en France, ce qui est aussi triste qu'inexact, par certains radicaux-socialistes de la Ligue des Droits de l'homme ! *(Interruptions à gauche et à l'extrême gauche.)*

M. Léon DAUDET. — J'ai lu dans *le Petit Parisien*, attribuées à M. Clemenceau, qui ne les a pas démenties, les lignes suivantes.

D'abord, contre l'occupation de la Ruhr :

« Je suis contre l'occupation de la Ruhr, nous répond M. Clemenceau. *(Très bien! très bien! à l'extrême gauche.)* Il y a peut-être eu un moment durant lequel la politique de la force aurait pu donner des résultats utiles, mais une telle politique a perdu son efficacité au fur et à mesure que l'on fait des concessions à l'Allemagne. L'occupation de la Ruhr me causerait aujourd'hui les plus vives appréhensions. Imaginez une grève générale des mineurs : voyez-vous les conséquences?... »

Messieurs, ceux qui ont préconisé l'occupation de la Ruhr n'ont jamais eu l'enfantillage de ne pas envisager une grève possible des mineurs.

Mais s'il était possible, avec un appareil militaire réduit, de procéder à l'expropriation, à la confiscation (au bénéfice de la nation française), des propriétés des magnats allemands de la Ruhr *(Interruptions à l'extrême gauche.)* et si l'on pouvait gager là-dessus un emprunt, ne croyez-vous pas que l'on pourrait faire aux ouvriers allemands de la Ruhr quelques avantages, de façon à éviter précisément ces grèves? *(Applaudissements à droite.)*

Ce que ne rend pas l'*Officiel* (pas plus qu'une photographie ne rend l'expression d'un visage) c'est la sorte de fièvre singulière qui animait ces deux séances du 15 décembre 1922, et s'était communiquée au public des galeries et des tribunes. Chacun sentait que l'on entrait, après un an de préparation diplomatique, dans une phase décisive des relations franco-allemandes d'après-guerre et que ce qui était en jeu, c'était, au fond, notre sécurité. Car depuis l'assassinat du commandant Montalègre, en juillet 1921, l'esprit de la revanche faisait en Allemagne, comme nous l'avions prédit, Maurras, Bainville et moi, des pas de géant.

Le 11 janvier 1923, conformément aux stipulations de Versailles (quoi qu'en ait prétendu, depuis, la finance anglaise) les armées françaises occupaient et contrôlaient Essen et l'ensemble de la Ruhr, de plein accord avec les Belges, d'accord tempéré avec les autres alliés. Suivant une formule, à notre avis malencontreuse, parce qu'elle ne décourageait pas, d'emblée, la volonté de la résistance allemande (appuyée à l'espoir de la revanche) cette occupation devait demeurer invisible, c'est-à-dire être comme si elle n'était pas. C'est de cette conception, selon nous erronée, de l'exercice du droit de gage et de coercition envers un ennemi récalcitrant, que sont issues les difficultés subséquentes. On a répété assez souvent que le jurisme entêté de Poincaré est interprété par les Allemands (bien qu'ils crient à l'impérialisme) comme le masque roide d'une timidité dans la répression. Je n'y insisterai donc pas.

Le fait que nous étions dans la Ruhr (et non plus seulement à sa périphérie) nous permit de mettre à découvert toute une préparation militaire, et guerrière à brève échéance, que nous soupçonnions, sans pouvoir la saisir. Ce fut un premier point, et d'importance. Le ministre Maginot, qui a fait la guerre au premier rang et qui, étant de l'Est, comme Poincaré, connaît l'ennemi, a souvent manifesté la surprise éprouvée par lui, en pénétrant, pour la première fois, dans ce dédale d'immenses usines et de stocks industriels de toute sorte. La résistance active des Allemands fut nulle, et pour cause; mais ils inaugurèrent immédiatement une autre forme de résistance, dite passive, qui dura dix mois et dure encore, fertile en incidents, grèves, bagarres, attentats de toute catégorie. Conformément aux craintes de Clemenceau, une tentative de grève générale (à l'instigation des magnats, des Thyssen, des Krupp, Haniel et autres) devait éclater le 23 janvier. On sait la prédilection des Boches pour les événements à date fixe.

La découverte de cette préparation militaire, véritable arsenal de la revanche, démontrait l'insuffisance du contrôle des armements allemands, ordonné par le traité de Versailles et dont le chef était le général Nollet. En fait de contrôle militaire d'ailleurs (s'agissant d'un pays aussi vaste et peuplé que l'Allemagne) on n'en imagine qu'un efficace : celui qu'opèrent les habitants eux-mêmes, alléchés par de fortes primes à l'espionnage détaillé. Le reste est chimère. Quand on prétend connaître ce qui se passe chez les gens, et s'ils ont de mauvais desseins, on ne leur envoie pas de sergents de

ville. On interroge leurs domestiques et leurs
voisins. Depuis 1875 (date de l'installation à
Paris, sous la haute direction du comte Henckel
de Dommesmarck, d'une police d'État prussienne) l'Allemagne a contrôlé, chez nous, l'état
de notre armée et de nos armements. Nous
n'avons pas su l'imiter, après la paix de 1919.

La première ligue de la résistance dans la
Ruhr fut celle des fonctionnaires allemands,
auxquels il fut formellement interdit d'obéir
aux ordres des occupants. La seconde ligue fut
celle des mineurs, auxquels il fut formellement
interdit d'extraire du charbon pour les Alliés.
La troisième ligue enfin fut celle des industriels
(d'ailleurs militarisés) de tous grades, auxquels
il fut formellement interdit de s'entendre, sur
un point quelconque, avec les autorités françaises. Les Allemands menèrent cette lutte
mi-ouverte, mi-sourde, comme ils font tout,
méthodiquement; en ayant soin de mettre toujours de leur côté, par toute une série de ruses
et de contrats, la finance anglaise, dont ils connaissent le rôle et l'importance politiques. En
même temps qu'ils tenaient bon sur leur *non
possumus*, ils faisaient en sorte que l'occupation
de la Ruhr devînt une pierre d'achoppement à
l'entente (et non pas seulement à l'alliance)
franco-anglaise.

Je passe sur les moyens d'obstruction violente employés : explosions, assassinats, incen-

dies, organisation d'accidents graves, etc... Cet exposé demanderait un volume et serait vite fastidieux. Le pire, dans les sévices subis (quelles que soient leur gravité et leur fréquence) c'est que le récit en lasse rapidement. Mieux vaut ne pas endurer et se rebeller (même au point de vue de la propagande) que de narrer ensuite avec complaisance ce qu'on a enduré. Les Allemands tablent sur cette triste et banale constatation. Incendier Louvain, fusiller Miss Cavell, torpiller le *Lusitania*, demeure toujours le fond de leur programme.

Ce déploiement d'une résistance tendue et opiniâtre (accompagnée, naturellement, d'une inflation monétaire frénétique) avait, comme contre-partie, un énorme effort d'argent, en vue de troubles concomitants en France et à Paris. Cet effort portait sur la presse proallemande, qui a succédé chez nous, avec à peine quelques atténuations, à la *Gazette des Ardennes* du temps de la guerre, et au *Bonnet rouge*. Il portait aussi, vu l'effondrement des socialistes, communistes ou non, sur le petit groupe des anarchistes, où la police politique a, de tous temps, recruté des terroristes et des hommes de main. Il serait inexact d'affirmer que tous les anarchistes sont de la police. Mais il est malheureusement certain, que, dans tout attentat anarchiste, on retrouve, en cherchant bien, un provocateur, un incitateur, un homme ou une

femme de main, affiliés à la police politique.
Celle-ci a, comme habitude regrettable, d'utiliser et de déchaîner ces forces obscures, qu'elle
est ensuite incapable d'enrayer. C'est l'histoire
(contée par Gœthe) de l'apprenti sorcier.

L'assassinat de notre ami Marius Plateau,
secrétaire général de la Ligue d'A. F. et un des
chefs les plus obéis et aimés des Camelots du
Roi, en est la preuve. Plateau fut mis à mort
(par une anarchiste du nom de Germaine Berton) à défaut de Maurras et de moi. Ce crime
fut commis le 22 janvier, à la veille du jour
fixé pour le déclenchement de la grève générale
dans la Ruhr. Rien, si ce n'est cette circonstance, n'obligeait la meurtrière à avoir, à tout
prix, un cadavre d'A. F. avant le 23. Toute une
campagne d'articles et d'excitations, imprimés,
savamment échelonnés depuis quelques semaines,
notamment depuis huit jours, avait à cette date,
pour objectif de légitimer et d'excuser à l'avance
l'acte de la Berton, de le maquiller en repré-
saille légitime.

Le résultat cherché était le suivant : 1º nous
séparer de Poincaré, en nous forçant à des
mesures et à des sanctions où Poincaré ne
pouvait nous suivre, étant donnés sa position
et son tour d'esprit; 2º provoquer des troubles
et des émeutes dans Paris.

Raymond Poincaré, qui a une vue claire du
péril allemand (ce qui est rarissime chez les

hommes de sa formation) considère comme une invention romanesque le synchronisme entre toute poussée allemande du dehors et toute poussée correspondante de l'Allemagne à Paris. A plus forte raison croit-il chimérique la collusion, cependant évidente, d'une partie de la police politique et de l'anarchie. Millerand et lui faillirent être victimes d'un attentat anarchiste, le 14 juillet 1922. Il ne leur vint pas à l'idée que cet attentat (heureusement raté) pouvait avoir été organisé dans les antres de police où travaillaient de concert, à la veille de la guerre et dans les trois premières années de la guerre, Caillaux, Malvy et *le Bonnet rouge*. Ils n'avaient prêté aucune attention au propos effrayant du procureur général Mérillon, déclarant, à la Haute-Cour, que l'agent de Caillaux, Almereyda, directeur du *Bonnet rouge*, était en 1914, 1915 et 1916, « le véritable préfet de police de Paris ».

De même, Poincaré ne fut pas frappé par la simultanéité et l'intensité de la campagne abominable, dite de « Poincaré-la-Guerre », où plusieurs journaux parisiens l'accusaient, en même temps et expressément, d'avoir déchaîné la guerre de 1914 et de vouloir une nouvelle guerre.

Cette ignominie, parfaitement grotesque, n'avait d'autre but que de lui susciter des assassins. On alla jusqu'à publier des cartes

postales truquées, où il était représenté comme
riant au cimetière. Certain dessin d'un innom-
mable torchon de chantage (alimenté en secret
par la police des mœurs et la police politique)
le représentait dégouttant de sang : on retrou-
vait là les procédés de la *Gazette des Ardennes*
déjà citée, et du *Simplicius Simplicissimus*,
organe illustré des Juifs de Bavière, qui a la
spécialité de la provocation au meurtre par
l'image.

Dans un petit hôtel meublé de la rue Lécuyer,
à Montmartre (bien connu du service des garnis
et de la brigade des anarchistes), se trouvaient
réunis, en décembre 1922, deux couples, deux
hommes, deux femmes, chargés de faire leur
affaire aux quatre personnalités politiques que
voici : Millerand, président de la République,
Poincaré, président du Conseil, Maurras et
Daudet, codirecteurs politiques de *l'Action
française*. L'un de ces deux couples comprenait une « cabaretière » du nom de Germaine
Berton, bien connue dans les milieux anarchistes sous le nom de la « Vierge noire », et un
garçon livreur en librairie, Gohary, dit « Harmant ». Gohary avait reçu, au tirage au sort,
la mission de me tuer. Mon nom et mon adresse
furent trouvés, après sa mort mystérieuse, dans
son calepin. La Berton devait exécuter Maurras.
La débauche en commun scellait ces serments
sanguinaires. Or, au dernier moment, Gohary,

sous l'empire de la crainte, recula devant la
partie du programme qui le concernait. Je ne
puis décemment en vouloir à sa mémoire.
Alors, *comme le 23 janvier approchait*, la
Berton se décida à agir seule. Elle planta
là son trop timide amant, et vint chez moi,
avec son revolver, le samedi 20 janvier 1923
au matin. Éconduite (son allure ayant excité
la méfiance de mon entourage), elle chercha à
tuer Maurras à la messe commémorative de
Louis XVI le 22 janvier à Saint-Germain-
l'Auxerrois. Mais Maurras était au milieu d'un
cercle d'amis. Finalement, la fille (une ancienne
« moutonne » de Saint-Lazare) décida, entre
midi et deux heures, ce même jour, d'abattre
Marius Plateau, qu'elle avait vu au journal,
l'avant-veille, en compagnie de mon beau-frère
et collaborateur, Jacques Allard.

Plateau (en dépit de mon conseil) la reçut
seul. Après une courte conversation, profitant
d'un moment où il avait le dos tourné, la misérable lui tira un coup de revolver dans les
lombes. Comme il se retournait, elle tira encore,
à bout portant, dans la région du cœur, cette
fois. Une troisième balle s'était perdue dans la
boiserie d'un meuble. Plateau s'écroula. La fille
Berton, craignant d'être châtiée, séance tenante,
par les Camelots du Roi qui accouraient, fit
le simulacre de se suicider, et se tira, de biais,
une nouvelle balle qui, frôlant la poitrine, et

traversant l'aisselle, la blessa légèrement. Tout ceci n'avait duré que quelques secondes. Le calcul habile de la Berton lui sauva la vie; il y a en effet chez nous (depuis l'affaire Calmette) l'ordre formel de punir sur-le-champ et sans merci toute agression venue du dehors. Mais on crut que la misérable s'était fait justice elle-même.

Ainsi mourut sous une balle, cette fois encore « allemande », le héros de Port-Fontenoy, ce fier Plateau qui avait obtenu, au début de la guerre, une citation digne du chevalier d'Assas... Plateau, le Décius français; quand nous lûmes, Maurras, Pujo et moi, cette citation à Poincaré, au cours de l'entrevue qui suivit le meurtre, le Lorrain ne chercha pas à dissimuler son émotion :

Le sergent Marius Plateau, 22e compagnie du 355e régiment, à Vaux-sous-Fontenoy, le 6e bataillon du 355e (commandant Mermet) déjà très éprouvé (il lui reste 4 officiers et 500 hommes) est appelé à venir à l'aide d'unités voisines.

Il faut offrir une cible aux mitrailleuses allemandes pour détourner leurs feux et permettre ainsi au bataillon de franchir une zone battue, pour tourner la position ennemie.

A la tête de ses hommes, qu'il enlève par son commandement énergique et entraînant, qu'il galvanise par l'exemple de son ardeur, le sergent Marius Plateau quitte le fossé d'une lisière de bois, fait irruption sur un glacis, sa chaîne de tirailleurs

en plein champ, face à l'ennemi et attire l'acharne-
ment du feu.

Frappé d'une balle à la tête, l'héroïque sergent
est laissé pour mort sur le terrain. Trente de ses
hommes sont tués ou blessés ; grâce au sacrifice de
ces braves, le bataillon passe.

Défilé aux vues de l'ennemi, il se masse pour
l'assaut.

Les Allemands, attaqués à revers, sur leur flanc
droit, sont chassés à la baïonnette, de l'éperon nord
de Port-Fontenoy, position tactique de haute importance.

. L'ennemi laissant sur le terrain 50 morts, le
bataillon ramenait 20 prisonniers valides, 2 mitrailleuses et un important butin.

Ce n'est pas le lieu de raconter ici en détail
comment la mort mystérieuse (quinze jours
après l'assassinat de Plateau) de l'anarchiste
Gohary, dit « Harmant », en cette même maison
de la rue Lécuyer, nous mit sur les traces du
complot précédemment exposé. Comment nous
conçûmes des soupçons, appuyés et étayés, que
les événements ultérieurs, hélas ! et l'assassinat
de mon fils Philippe Daudet, le 24 novembre
1923, transformèrent en certitudes. J'ai voulu
simplement situer, en plein drame de la Ruhr,
la connexité du meurtre de Plateau, victime et
martyr de cette occupation du bulbe allemand
qu'il avait réclamée avec nous. Le 24 décembre
1923, après des audiences scandaleuses, où la

Patrie était bafouée avec le bon sens, le jury acquittait Germaine Berton.

Dans le début, aux yeux du public français, la saisie de la Ruhr équivalait à celle d'un gage monstre, qui nous permettrait d'obtenir enfin, de l'Allemagne vaincue et récalcitrante, une forte partie, sinon la totalité, des réparations charbonnières et pécuniaires (successivement diminuées, au cours de tractations et de conférences plus que malencontreuses) auxquelles le traité de Versailles nous donnait droit. Au bout de quelques mois, il apparut qu'il s'agissait moins d'un gage immédiatement rémunérateur que d'un moyen de coercition nous permettant de peser sur les magnats allemands, possesseurs de devises étrangères, et qui étaient en mesure de nous payer tout ou partie des sommes convenues, à défaut de l'État allemand, récalcitrant puis insolvable. Un peu plus tard encore, cette considération s'effaça devant celle de notre sécurité militaire, la Ruhr étant considérée comme la forteresse de la métallurgie de guerre allemande. Enfin, il était à présumer qu'à la longue cette occupation deviendrait, par le jeu des répercussions économiques et politiques, un brandon de discorde entre les États allemands et un moyen de rupture de la menaçante unité bismarckienne. Cette arrière-pensée ne pouvait habiter l'esprit d'un homme d'État républicain, tel que Poincaré, aux yeux de qui la nonintervention dans les affaires allemandes est, jusqu'à présent, demeurée un dogme. Un royaliste, soucieux avant tout de réalité et de paix, n'y met pas tant de façons. Quel autre moyen d'obtenir la paix que de briser le bloc allemand ? Maurras, Bainville, Pujo, Valois, de Vesins, de Roux, tous nos collaborateurs et moi n'avons cessé de réclamer, depuis août 1914, puis depuis mars 1918, la rupture de l'exécrable unité boche.

Je vois toujours cette huitaine de mars 1918 où Ludendorff, ayant défoncé la cinquième armée anglaise, marchait sur Amiens et Paris. Maurras n'en proclamait que plus haut que la victoire finale était certaine, et qu'il fallait tout de suite songer au partage des Allemagnes, afin que l'armistice ne nous prît pas au dépourvu. Tel le Sénat romain aliénant les champs encore occupés par Annibal. Sous les Gothas et les Berthas, qui arrosaient alors Paris et sa banlieue, une telle préoccupation semblait paradoxale. Elle était au contraire tout à fait de circonstance, ainsi que la suite le démontra ; et, si Clemenceau l'avait partagée, nous n'en serions pas où nous en sommes. La volonté n'est forte et active que si elle a ses racines dans l'insuccès, de façon à porter ses fruits dans la bonne fortune.

L'imagination des dirigeants républicains étonne par sa pauvreté. Clemenceau lui-même, en dépit de son énergie belliqueuse de 1918

(« je fais la guerre »), ne croyait pas, au 11 novembre 1918, à la débâcle *totale* de l'ennemi et donnait plus ou moins (l'Alsace-Lorraine mise à part) dans la paix blanche wilsonienne. L'armistice le stupéfia, puis le plongea dans cette euphorie qui nous pousse à trouver qu'il ne faut pas en demander trop, appuyer à l'excès sur la chanterelle, risquer de compromettre un résultat inespéré par des exigences sans limites, etc., etc... Il aborda le traité de paix dans ce même esprit, qu'exagérait encore sa naturelle déférence vis-à-vis de la niaiserie ornée des dirigeants anglo-saxons. Niaiserie qu'il a toujours prise pour du sérieux et du poids. Entre l'insanité napoléonienne et l'insanité wilsonienne (qui vaut la première, en étant son contraire) il y avait tout de même place pour quelque bon sens. Quant au président Poincaré et au maréchal Foch, qui paraissent avoir jugé les choses plus sainement, ils eurent le tort de ne pas élever la voix suffisamment; le premier parce qu'il n'était que Président de la République; le second parce qu'il n'était que maréchal de France, et qu'il se croyait obligé au respect des pékins. Il n'y a pas de pire bobard, je le répète, ni plus nocif, que cette prétendue subordination des armées à la toge, et de l'uniforme au veston. On a vu, au moment de l'affaire Dreyfus (cette crise décisive de la lutte entre la police civile allemande de Paris et la police nationale et militaire) on a vu quel respect méritait la toge de la méprisable Cour de Cassation (affaire de l'article 445).

Il a fallu à Poincaré un véritable effort de volonté pour s'élever au-dessus des préjugés courant dans les milieux officiels et sorbonnards du régime, et en venir, après toute sorte de précautions juridiques, à la décision d'occuper la Ruhr. Encore y mit-il une série de gants et de mitaines superflus et même dangereux. Cette écharde ruhrienne, insérée dans la peau ennemie, entre cuir et chair, amena une suppuration dont la paix, tout de même, ou la simili-paix devait bénéficier. Les Belges, heureusement, l'ont compris. Le fait qu'il est en monarchie, sous un souverain courageux, prévoyant et sensé, a permis à ce petit pays, grand par l'âme patriotique, non seulement de tenir tête au colosse allemand avec une intrépidité lacédémonienne, mais aussi de revendiquer ses droits plus vigoureusement et pertinemment que nous. La Belgique n'a pas eu de Briand, ni de Caillaux, ni de Malvy.

L'occupation de la Ruhr a eu encore un autre effet, du côté de la politique intérieure. Elle a mis à nu les hésitations et l'aboulie de ce parti radical, tiraillé entre ses traditions d'antan (où il était convenu que la Patrie comptait) et ses alliances électorales avec les socialistes internationalistes. Inoubliable fut la séance où s'abstinrent, au vote, dans une question si grave, les trois chefs de la gauche radicale : Herriot, Buisson et Painlevé, partiellement suivis par leurs amis. Nous eûmes le spectacle comique et vil de leurs hésitations, de leurs discussions, de leurs allées et venues, sous l'œil goguenard de l'extrême gauche. Herriot avait l'air de Triplepatte, celui qui ne peut jamais se décider, dans la pièce célèbre de Tristan Bernard. Painlevé, sous ses cheveux ébouriffés, roulait de gros yeux de chat dans la braise. Le papa Buisson s'était endormi et ronflait béatement, dans le tuyau de poêle de sa redingote laïque. Trois mois après, tous trois déclaraient qu'ils se rangeaient décidément à l'avis de Poincaré.

La Chambre du 16 novembre n'aurait-elle fait que fournir à Poincaré la majorité nécessaire à cette mesure de sécurité, qu'elle aurait bien mérité de la Patrie. Sans la Ruhr, où donc en serions-nous depuis trois mois? Encore au rouet des conférences, paraconférences, métaconférences, et vraisemblablement à la mobilisation générale. Est-ce à dire qu'il faudra s'en tenir là, devant les nouveaux préparatifs militaires de la Reichsurch et de ses annexes? Nous ne le croyons pas. Mais le fait de coller solidement à Essen est un avantage irremplaçable et auquel nous ne devons pas renoncer de sitôt. Autrement, malheur à nous !

Chapitre IX

LE PAIN QUOTIDIEN

La guerre et l'appréhension légitime d'une nouvelle guerre ont complètement bouleversé, et continuent à bouleverser, le poignant problème du pain quotidien. Je veux dire du pain matériel et de ce pain moral qui est la conduite courante de la vie, la prévision du lendemain, l'éducation et l'instruction des enfants, l'apprentissage d'un métier, etc... Dans les quelques mois qui ont suivi la signature du traité absurde et antiphysique de Versailles, les esprits ignorants et légers (c'est-à-dire la sacro-sainte majorité) ont pu croire que la sécurité était désormais assurée de nouveau pour cinquante ans, soit pour deux générations; et ce n'est pas l'habitude des grands-pères de veiller au sort des petits-fils. Mais, dès les derniers mois de 1920, sauf à la Chambre, où règne l'aveuglement spécial au vase clos, les milieux industriels, commerciaux, financiers, ont commencé à entrevoir la réalité, c'est-à-dire la proximité, et peut-

être l'imminence d'une nouvelle agression allemande. Cependant que les principes démocratiques de l'atonie et du laisser faire interdisaient
de prendre les devants. Il est résulté de là un
état ambigu de l'esprit national, incapable de
rien fonder sur l'avenir incertain, par consé-
quent mal disposé à l'épargne et aussi à l'éta-
blissement d'un foyer stable et à la procréation
des enfants.

Avant la guerre, l'épargne était demeurée la
grande vertu française, à la ville comme à la
campagne. Pendant la guerre, la nécessité et le
goût de la dépense se sont généralisés. Puis,
après la guerre, ont commencé les difficultés
financières, issues de l'énorme gaspillage des
richesses, de la rupture des balances importa-
tions-exportations, et de l'inflation monétaire.
La débauche d'artillerie et d'explosifs, d'ailleurs
indispensable, avait dispersé en fumée non
seulement les réserves métallurgiques, mais
aussi les capitaux consacrés à l'achat de munitions au dehors (sous toutes les formes) et pul-
vérisé, sans récupération possible, quelque chose
comme une centaine de milliards. Ajoutez-y la
destruction d'immeubles et de travaux d'art
et de surfaces jadis cultivées. Ajoutez-y la perte
phénoménale de main-d'œuvre, par l'hécatombe
et les blessures de guerre. Ce qui est étonnant
c'est que, dans ces conditions, les apparences
de la vie financière normale et des transactions

de Bourse et autres aient subsisté, au lieu de
s'effondrer. Ce qui a sauvé la France de la
faillite immédiate, c'est son agriculture sans
rivale, c'est la fertilité de son sol. Elle a pu
tenir le coup, après comme pendant les hostilités,
grâce aux bras de sa robuste paysannerie.

La nécessité n'a fait surgir cependant aucun
financier remarquable. Nous n'avons pas eu,
cette fois, de baron Louis, inconcevable, du
reste, dans un État démocratique. Aucun plan
de relèvement général des finances du pays n'a
même été, à ma connaissance, édifié : c'est
chose assez singulière que cette pénurie de res-
taurateurs de la richesse publique, dans un
pays tel que le nôtre, où fleurissaient autrefois
les Sully, les Colbert, les Louvois, et tant de
surintendants de première capacité. En dehors
de Valois et de Bainville, l'un et l'autre acharnés à empêcher les sottises trop fortes, notamment l'émission d'assignats (comme en Allemagne) je ne vois guère que deux hommes, du
côté républicain, qui aient apporté des vues
d'ensemble au problème du pain quotidien :
M. Charles Dumont, mon collègue à la Chambre
et M. Parmentier qui fut directeur du mouvement des fonds à la Banque de France. Loucheur m'est apparu comme dénué de bon sens;
Paul Doumer, beaucoup plus sérieux et pondéré,
comme privé d'envergure imaginative. Je ne
parle pas ici des banquiers les plus réputés, qui

16

envisagent, professionnellement, beaucoup plus l'acquisition et la concentration indéfinies des richesses que le bien public et l'intérêt national.

L'absence d'un monarque fait que, dans ce domaine comme dans les autres, les forces renseignées et bienfaisantes ne savent comment se grouper. Bainville, Valois et leurs disciples ont émis une foule d'idées ingénieuses, critiques ou positives, dans les journaux, les revues et les milieux où ils collaborent. Mais personne ne s'est trouvé pour leur demander, ainsi qu'à un Charles Dumont, ou à un Parmentier, une coopération en vue du relèvement et de la transformation de nos finances. On en est demeuré au vieil expédient de l'emprunt, à l'émission de bons du trésor, dits de « la Défense », à des virements et à des contre-virements innombrables. Aucun essai de liquidation d'ensemble d'une situation onéreuse n'a été tenté. La proposition du prélèvement sur le capital, aggravation des méfaits de l'impôt sur le revenu, a été heureusement écartée. Mais Maurras n'a pu empêcher une nouvelle atteinte aux droits de succession (c'est-à-dire à la famille) déjà si accablée. Ainsi l'exige la politique de gauche, qui est une politique d'*invidia*. Les gens tiennent moins à acquérir qu'à brimer ceux qui ont légitimement acquis. Quant à l'ingénieuse proposition d'une loterie de type spécial, lancée et défendue par André Lefèvre, elle n'a pas été retenue, sans qu'on ait vu bien clairement les raisons de ce rejet.

La leçon brutale de la guerre a jeté en l'air tous les axiomes de la vieille économie politique, et vulgarisé des notions jusque-là examinées et discutées seulement dans le comité réduit des spécialistes. Ceux qui se croyaient les plus clairvoyants et les plus malins, ont été déroutés par les hauts et bas du marché des changes par exemple, dont les oscillations durent encore et affolent le taux des denrées alimentaires. On a commencé par incriminer et maudire les cultivateurs, accusés d'exploiter la situation; puis les intermédiaires, considérés comme autant de thésauriseurs; puis ceux que l'on appelait les mercantis, les nouveaux riches, les requins, etc... Finalement il a fallu reconnaître que la diminution progressive de la puissance d'achat du billet (conséquence des énormes « emprunts » faits à la Banque par l'État) était la cause principale, sinon unique, de la vie chère. A ce moment, on a freiné; mais la difficulté de rembourser et de ramener ainsi l'argent à un taux raisonnable, a maintenu malheureusement les hauts prix. Par là-dessus est arrivée la loi de huit heures, légèrement accordée par Clemenceau, qui a diminué le travail, et par suite, la production, sur toute l'étendue du territoire et dans tous les métiers. Aucun esprit averti ne doit donc partager l'étonnement indigné des ménagères, devant l'œuf à un franc et le poulet à trente francs. Mais où en serions-nous si, comme on a failli le faire, à un moment donné, on avait écouté les inflationnistes !

Le mode de délibération parlementaire, avec ses lenteurs, ses revenez-y, etc.. rend, pour ainsi dire, impraticable toute réforme financière de quelque amplitude, qui ne flatte pas un sentiment démagogique. Il est aujourd'hui généralement admis que l'impôt sur le revenu (qui favorise la délation fiscale et tous les ignobles trafics de chantage, entés sur cette délation) constitue un impôt détestable, surtout en une période de crise comme celle qui a suivi la guerre, et où a commencé sa funeste application chez nous. La Chambre patriote du 16 novembre aurait pu et dû, d'un coup d'épaule, jeter par terre cette machine encombrante, dangereuse, et dont les trous et les écueils apparaissent à tous. Elle n'osa pas. Elle respecta, chose invraisemblable, la caution du condamné Caillaux, comme elle respectait les lois laïques. Nul ne peut plus douter que le relèvement financier du pays en ait été sérieusement entravé. L'impôt Caillaux fait planer sur le contribuable une possibilité permanente de vexation, une crainte sourde, qui le paralyse. Il décourage le travailleur et il pousse ainsi à l'oisiveté, sous sa forme la plus morne : l'attente.

C'est la réponse courante des industriels et

des commerçants à la question : « Que préparez-
vous?

— Rien.

— Que faites-vous?

— J'attends.

— Qu'attendez-vous?

— Je n'en sais rien.

Ils attendent comme on dit, que cela passe.
Mais cela ne passera que si tout le monde y
met du sien. Or les gens ne veulent coopérer à
la chute d'un état de choses nocif que s'ils sont
préalablement certains de cette chute. La
France, depuis 1919, est au rouet, dans les
choses, comme dans les personnes. L'insécurité a engendré l'incertitude, qui engendre,
à son tour, l'atonie. Tous les six mois, et par
saccades, revient, dans les milieux où s'élabo-
rait naguère la richesse publique, une sorte de
confiance touchante dans l'effort, dans l'efficacité de telle ou telle mesure. On s'y met. Le
change remonte un peu; les transactions repren-
nent; la cherté de la vie diminue de quelques
points. Puis, faute d'une impulsion centrale,
d'une tête directrice, d'un chef enfin, tout
retombe bientôt dans le semi-marasme, dans
l'à quoi bon.

Or, l'état d'insécurité et d'incertitude générales (sans que personne en aperçoive le bout)
est, pour une nation comme la nôtre, le plus
démoralisant qui soit. La cellule familiale, dans

ses éléments constructifs, en est profondément altérée et troublée. Les atteintes graves, portées à l'épargne et à l'héritage, retentissent immédiatement sur l'instruction et l'éducation des enfants, aux yeux desquels l'autorité des parents perd de sa fixité et de son inaltérabilité. La menace, toujours suspendue, d'une nouvelle guerre, après une grande guerre, fait que la jeunesse se sent, entre 15 et 20 ans, exposée à la mort par une imprévoyance diffuse, dont ses tuteurs naturels ont leur part. Chose navrante, la fréquence de la débauche (autrefois rarissime) chez les mères de famille a considérablement augmenté. Parfois avec le consentement du mari et l'excuse atroce de ne pouvoir subvenir, par le seul travail, aux frais du ménage. Ce sont là des conséquences sourdes, honteuses, de l'ébranlement profond de l'État, que les statisticiens ne mentionnent pas, mais que constate l'observateur attentif. Ce sont des phénomènes de dissolution.

Ces malaises et ces maux d'après-guerre, issus du tremblement de l'Europe, se sont abattus sur la France dans une heure où ses étais religieux avaient singulièrement fléchi, du fait de l'exode des congrégations, notamment des congrégations enseignantes. La persécution instaurée par Waldeck, continuée par Combes et Rouvier, n'était pas seulement une infamie. C'était, en outre, une sottise dangereuse; et les plus sensés parmi les républicains ont dû le reconnaître. Il n'y a pas de morale laïque. Il y a bien une morale de la Réforme et une morale kantienne, née de la précédente, mais elles ne s'appliquent ni à l'esprit, ni au tempérament français. A ceux-ci, une longue habitude héréditaire (aux yeux du psychologue) et une conformité mystique (aux yeux du théologien) ont rendu la morale catholique aussi indispensable, que le sont aux corps de nos compatriotes le pain et le vin. Le retour des congrégations chassées est pour nous une nécessité vitale, le *to be or not to be* de Shakespeare.

CONCLUSION

LES DEUX DÉLIVRANCES

Nous ne sommes pas délivrés de l'Allemagne,
parce que, bien que victorieux, nous ne sommes
pas délivrés de la République. Nous ne serons
vraiment délivrés de l'Allemagne que le jour
où nous nous serons délivrés de la forme républicaine. Cela est parfaitement logique, si l'on
considère que la République est née, le 4 septembre 1870, dans le sang et le désastre de
Sedan; qu'elle s'est installée en France, par là
volonté de la Prusse, par la connivence du
prince de Bismarck et du tribun Léon Gambetta. Je ne pense pas que cette dernière proposition puisse être sérieusement contestée,
devant le monceau de documents, de souvenirs
historiques et de témoignages, qui l'appuient et
rendent toute dénégation impossible. L'impureté
de ses origines a poursuivi la République, en
dépit des républicains patriotes (jadis nombreux, de plus en plus rares) de 1875 jusqu'en
1914, puis de 1914 à 1919, et enfin de 1919 à

1923, avec une persistance remarquable. Il
suffit de marquer les principaux stades.

— En 1875, menace bismarckienne. A partir
de là Bismarck appuie Gambetta et contribue
à sa victoire électorale.

— En 1878, au mois d'avril, entrevue secrète
de Bismarck et de Gambetta, accompagné de
Léonie Léon, à Varzin.

— En 1885, et les années suivantes, réaction
du patriotisme français contre l'emprise allemande (politique et policière) sous les auspices
du général Boulanger. Le général est sur le
point de l'emporter. Des trahisons dans son
entourage et les efforts de la police allemande
de Paris (instaurée par Henckel de Donnes-
mark et la Païva, et imposée par Bismarck)
consomment sa chute et l'acculent au suicide.

— En 1897, et de cette date à 1902, nouvelle
poussée du patriotisme français, à l'occasion de
l'affaire Dreyfus. Cette affaire elle-même n'est
qu'un épisode de la lutte engagée entre la police
nationale et militaire française et la police allemande de Paris. La Ligue de la Patrie Française, trop divisée et mal conduite, est défini-
tivement vaincue par la police allemande, unie à
la Cour de Cassation, en 1906. Deux ans auparavant, la police allemande avait supprimé
Gabriel Syveton, chef réel de la Ligue.

— De 1900 à 1914 : Waldeck, Combes, Rouvier, Caillaux, triomphe complet du bloc de

gauche et de la police allemande de Paris.
Entrée en ligne de l'Action française, par qui le
nationalisme s'intègre et devient monarchique :
Maurras et Vaugeois. Puis le quotidien. Puis
Kiel et Tanger et *l'Avant-Guerre*. Assassinat de
Gaston Calmette par la femme de Caillaux.

— En 1914, déclaration de guerre de l'Allemagne à la France, aussitôt après les élections
de mai 1914, qui ont donné la majorité au bloc de
gauche, partisan du rapprochement franco-allemand. Caillaux et Malvy, chefs de cette majorité.

—1914 à 1918. Trois périodes : 1º la dictature
de Joffre, la victoire de la Marne et la soumission
de la police allemande de Paris (Almereyda,
Bonnet rouge, etc.) à la police, nationale et militaire, du général Clergerie; 2º le retour du
Parlement, la trahison de Caillaux et de Malvy,
le relèvement progressif de la police allemande
de Paris, avec Leymarie, à la place Beauvau, et
Joseph Dumas à la Préfecture; 3º la dictature
victorieuse de Clemenceau et la défaite momen-
tanée de la police allemande de Paris.

—1919 à 1923. Briand, ancien policier anarchiste, président du Conseil pour la septième
fois, rétablit le cloaque, tel qu'il était immédiatement avant la guerre. Poincaré, qui lui succède,
pratique au dehors la politique du relèvement
national, dite politique de la Ruhr; mais il
laisse, à l'intérieur, les choses dans l'état où
Briand les avait mises. Assassinat de Marius

Plateau, héros de la guerre, chef des Camelots du Roi, le 22 janvier 1923, perpétré par une policière anarchiste, la fille Germaine Berton, qui n'avait pu atteindre Maurras ni moi ! Le 24 novembre suivant, mon fils, Philippe Daudet, âgé de 14 ans et 10 mois, saisi et chambré par les anarchistes du *Libertaire*, compagnons de la fille Berton, au cours d'une fugue d'origine nerveuse, est supprimé, en haine de son père.

Ce tableau, extrêmement résumé, n'en caractérise pas moins les soubresauts successifs d'une lutte implacable entre la France traditionnelle et nationale et l'Antifrance révolutionnaire et germanique, laquelle lutte dure depuis la signature du traité de Francfort. A l'heure où j'écris, il est encore impossible de savoir qui l'emportera. Mais une chose est certaine : c'est que le maintien de l'Antifrance est lié au maintien de la République et réciproquement. L'une ne va pas sans l'autre. L'une ne s'en ira pas sans l'autre. Perspective cruelle; car, pendant ce temps, la guerre revient avec une vélocité croissante. Sera-ce dans quelques semaines, ou dans quelques mois? Nous le verrons bien... à moins que d'ici là nous ne soyons délivrés, enfin, du régime d'amnésie, de ruine et de mort qui oscille, à la façon d'un morne pendule, entre le crime individuel et la tuerie collective.

FIN

TABLE DES MATIÈRES

ACHEVÉ D'IMPRIMER
LE QUINZE JANVIER MCMXXIV
PAR
L'IMPRIMERIE DE LA
NOUVELLE LIBRAIRIE NATIONALE

La L   *demande*

EUG. MORIEU, IMP